ちくま新書

「小さな政府」を問いなおす

岩田規久男
Iwata Kikuo

JN227430

616

「小さな政府」を問いなおす【目次】

はじめに

小泉純一郎内閣は「小さくて効率的な政府の実現に向けて」改革を進めてきた。小泉改革が目指す「小さくて効率的な政府」とは、「民間にできることは民間に」任せ、そうした分野に政府が介入することを控えようとする政府である。中央政府と地方政府との関係では、「地方にできることは地方に」任せる政府である。

小泉内閣はこの基本理念のもとに、規制改革、郵政事業改革、地方財政改革などの構造改革を進めてきた。小泉首相は、こうした構造改革を進めることによって、「国民一人一人や、地域、企業が主役となり、努力が報われ、再挑戦できる社会」を構築し、「現場の知恵や創意工夫」が「日本の潜在力を生かした経済成長」につながる社会を形成できると信じている（第一五九回国会における小泉内閣総理大臣施政方針演説より）。

しかし、「小さな政府」を目指す政策に対しては、次のような批判がある。

第一は、「小さな政府」の思想は市場原理主義であり、民にできないことまで、民に任せてよいのかという批判である。その批判が当てはまる例として、二〇〇五年末に起きた耐震偽装事件（マンションなどの耐震性が建築基準法の定める耐震基準の二、三割しか満たしていないことが発覚した事件）があげられている。従来、建物は自治体の建築確認検査をパスしなければ建てられなかったが、九八年度から、政府から許可を得た民間機関も確認検査業務ができるようになった。この事件では、民間の建築確認検査機関が耐震偽装を見抜けなかったため、マンション購入者などが大損害を被った。「小さな政府」の支持者は、このような、規制緩和・撤廃や民営化などによって、国民の生命・財産の安全に関わる分野まで、利益追求を優先する民間に任せてよいのかという批判に応える必要がある。

第二は、「小さな政府」は個人間や地域間の格差を拡大するという批判である。この批判によると、「小さな政府」の支持者は、一方で、経済は競争によって成長すると主張して、競争の結果、個人間や地域間で格差が拡大することを容認し、他方で、雇用・年金・医療保険によるセーフティー・ネットは人々の自助努力を阻害するとして、それらを縮小ないし廃止しようとしている。そのような弱肉強食の競争社会では、競争から脱落した低所得者は安心して生活を営めなくなり、貧しい地方の住民は最低限の行政サービスさえ受けられなくなってしまう。「小泉改革で、個人と地域の格差は拡大し、人としての尊厳を維持できないような生活を強いられている人が増大した」という研究を発表している研究者も存在する。

小泉内閣が主張した「小さな政府」が達成するとされる点は、「小さな政府」の光の部分である。それに対して、「小さな政府」を批判する人が指摘する点は、「小さな政府」の影の部分である。

そこで本書では、こうした「小さな政府」の光と影を、日本だけでなく、イギリスやスウェーデンの例を参考にしながら、歴史的かつ経済学的に問い直してみたい。「小さな政府」を問い直すことは、戦後、多くの先進国が採用した「大きな政府」（政府が民間に介入する程度の大きな政府）の光と影を問い直すことでもある。

本書で日本に加えて、イギリスとスウェーデンをとりあげるのは次の理由による。

イギリスは戦後いち早く「小さな政府」から「大きな政府」に転換して、福祉国家のお手本の国になったが、一九八〇年代には、今度は世界に先駆けて「小さな政府」に転換したユニークな国である。一方、スウェーデンはイギリス以上に大きな福祉国家であったが、九〇年代以降はそれまでよりも「小さな政府」への転換を図った。それでも他の先進国に比べれば依然として「大きな政府」である。しかし「小さな政府」の支持者が予想するほどには経済成長率は低下しておらず、依然として平等で豊かな国である。

こうした点で、これら二つの国は、日本が「大きな政府」から「小さな政府」へ転換しようとしているいま、きわめて示唆に富む教訓を与えてくれる。

二〇〇六年八月

岩田規久男

第一章　「大きな政府」へ

戦後、資本主義国の多くは福祉国家の建設を目指して、それまでの「小さな政府」から「大きな政府」に転換した。この章では、戦後日本の「大きな政府」への転換を理解するための素材として、イギリスを取り上げよう。

イギリスは資本主義国として、戦後いち早く典型的な「大きな政府」を作り上げたばかりでなく、一九八〇年代には、最初に「小さな政府」へ舵取りを切ったユニークな国である。それゆえ、今後の日本政府のあり方を考える上でも参考になる点が多い。実際に、九〇年代半ば以降、日本政府が行政効率化の手法として導入したものの中には、八〇年代以降、イギリスが採用した手法が少なくない。

「大きな政府」への転換を考える上で重要なもうひとつの国は、一九三〇年代のアメリカである。フランクリン・ルーズベルト大統領は三〇年代の大不況を乗り越えようとして、ニューディール政策を採用したが、これについては、簡単に触れるにとどめたい。

1　大きな政府とは

†自由放任型資本主義の三つの病

日本を含め一九世紀までの資本主義経済は、自由放任（レッセ・フェール）の市場経済を原則としていた。政府は国防や警察サービスなどによって国民を暴力や外敵の攻撃から守ることに専念し、その他の面では民間の活動に介入すべきではないと考えられていた。このような国家を夜警国家という。

イギリスのアダム・スミス（一七二三～一七九〇年）は『国富論』（一七七六）で、夜警国家の理論を体系化し、政府が民間の活動に介入しなければ、私的利益だけでなく、公共の利益もまた最大になることをはじめて理論的に明らかにした。

しかし、産業革命以降産業化が進展するにつれて、自由放任の資本主義経済には三つの病があると考えられるようになった。

第一の病は、貧困層の増大である。競争の結果、所得格差が拡大し、経済成長の恩恵をまったく受けられない貧困層が増大したのである。

第二の病は失業である。産業化が進み、市場経済の領域が拡大すると、多くの人は農業のような自営業に従事するのではなく、企業に雇用されることによって糧を得るしか、生活手段がなくなった。しかし、産業化が大きく進んだ一九世紀も後半になると、イギリス、ドイツ、アメリカなどで失業者が増大し、資本主義は雇用を保障できなくなってしまった。

第三の病は、私的独占や不公正な取引による事故や損失などの発生である。自由放任の資本主義がかえって独占をもたらし、独占企業による価格の吊り上げによって消費者の利益が大きく損なわれる事件が頻発した。さらに、経済活動が複雑・高度化するにつれて、さまざまな事故や損失も無視できなくなった。不公正な取引による損失、医療事故、薬害、公害などが代表的なものである。これらは市場の失敗と呼ばれる。

右に述べた自由放任型資本主義の三つの病を治療しようとすると、政府は大きくならざるを得ない。戦後の欧米諸国や日本は、第一と第二の病を治療して、社会主義に優る安定的な資本主義の建設を目指した。すなわち、所得格差の縮小と完全雇用の達成を目指す福祉国家の建設である。

さらに、政府は「市場の失敗」を拡大解釈して、規制、私企業の国有化などによって市場に積極的に介入し、自由な市場の働きを修正するようになった。

†政府の大きさをどのように測るか

日本では、二一世紀に入って、戦後長い間続いた「大きな政府」に対して、小泉純一郎内閣が「小さくて効率的な政府」を掲げて改革を進めてきた。しかし、そもそも何を基準に政府の大きさを測ればよいのであろうか。

政府の大きさは政府支出の対国内総生産（GDP）比や税・社会保険料の対国民所得比（国民負担率）などで、数値化して測ることが多い。例えば、日本の社会保障関係費は福祉元年と呼ばれる一九七三年以降、増加の一途を辿ってきた。この増加は政府支出の対国内総生産比を毎年のように引き上げているから、大きな政府をもたらす最も大きな要因である。

しかし、小さな政府とか大きな政府という場合に問題にしているのは、政府が民間の私的な活動にどれだけ介入しているかという点である。例えば、輸入制限規制（輸入量を自由貿易の場合よりも少なく制限する規制）によって海外との競争から国内産業を保護すれば、貿易を自由にした場合よりも、政府の民間の活動に対する介入は高まる。したがって、輸入制限規制などの規制によって、政府が自由市場に介入する程度の高い政府は、政府支出の対国内総生産比が低くても、大きな政府と考えるべきである。

そこで、本書では、政府支出の対国内総生産比や国民負担率などの数値と、政府の経済への介入度という二つの基準で、政府の大きさを測ることにしよう。

2 完全雇用の追求と大きな政府

†自助から権利としての失業保険へ

初めに大きな政府の三つの要因のうち、完全雇用の追求からみていこう。失業という概念は産業化の進展とともに、多くの人々が企業で働いて生計を立てるようになって初めて成立し、自営・借地農業が中心の経済では成立しない概念である。

世界で産業化が最初に進んだイギリスでも、一八三七年から一九〇一年に至る「ヴィクトリア時代」の前半は、失業は国家が取り組むべき問題とは考えられていなかった。この時代はサミュエル・スマイルズの「天は自ら助くる者を助く」で始まる『自助論』がイギリス人のバイブルになったことからも分かるように、勤勉が成功への道であり、貧困は怠惰と不道徳の結果であると考えられていた。スマイルズは「保護や抑制も度が過ぎると、役に立たない無力な人間を生み出すのがオチである」(竹内均訳『自助論』十一頁)という。

しかし、ヴィクトリア時代も後期になると、循環的に不況が発生するたびに、失業者が増大した。そのため、イギリスでは一九世紀の終わりまでに、失業は国家が取り組むべき大きな課題になり、一九〇〇年代初頭には、当時の大蔵大臣ウィンストン・チャーチルの努力が実って、世界初の国営の失業保険制度が成立した。

しかし、失業保険はあくまでも失業が発生してから、失業者の痛みを和らげる政策であり、失業を防止したり、減らしたりする政策ではない。失業を防止したり、減らしたりすることによって、失業問題を根本的に解決する政策は一九三〇年代に登場するジョン・メイナード・ケインズの経済学まで待たなければならなかった。そこで次に、ケインズの経済学を説明しよう。

†ケインズによる新しい失業理論の登場

アメリカでも、一九世紀終わり頃から失業は深刻な社会問題になりつつあった。一九二九年に大不況がアメリカを襲うと、失業率は急上昇し、三三年には二五%にも達した。実に、四人に一人は失業者という悲惨な状況である。アメリカの失業率はその後も第二次世界大戦が始まるまで、一ケタ台に低下することはなかった。イギリスでも事情は似たようなものであった。

しかし、当時支配的であった古典派経済学はこうした大量の失業がなぜ発生するのかを整合的に説明することができなかった。というのは、古典派経済学は大量の失業が長期にわたって解消されない事態が続くことはありえないと考えていたからである。すなわち、失業が発生すれば、失業者は職を求めて競争する。この競争過程で、賃金は下がるであろう。企業が失業者を雇っても採算が取れる水準まで賃金が下がれば、失業者は職を得ることができるはずである。したがって、失業が何時までも解消されないことはありえない。

こうした古典派経済学の失業理論に挑戦したのがケインズであった。ケインズは、古典派経済学を厳しく批判し、失業は需要の不足によって生ずるという有効需要の理論を打ち立てた。これは次のような理論である。

生産しても需要が不足していればモノは売れない。モノが売れなければ、企業は生産を減らそうとする。生産量が減れば、必要な労働者も減ってしまう。必要な労働者が減れば企業の雇用需要も減り、その結果、失業者が増える。ケインズによれば、この失業は自由放任の市場に任せていたのでは解消されない。失業は需要不足が原因で生ずるのであるから、失業をなくすには需要を増やす政策が必要である。そのための政策には金融政策と財政政策がある。しかし、失業が大量に発生しているような状況では、金利が十分に低下しないため金融政策は有効ではない。それに対して、政府支出を増やす政策は政府が直接、市場からモノを購入する政策であるから、確実に需要を増やすことができる。減税の場合には、人々の可処分所得が増えるため、消費需要が増える。

†完全雇用の達成と財政赤字の拡大

アメリカは戦後いち早く完全雇用を政府の追求すべき目標に掲げた。戦後のイギリスの社会保障制度の基礎となったベヴァリッジ報告も、社会保障制度が有効に機能するための前提条件は、完全雇用であることを強調している。

景気が悪化して、失業が増える場合には、政府支出を増やしたり、減税したりする。政府支出を増やす場合には、道路などの公共施設を建設する公共投資が選択されることが多い。景気が悪いときには、個人所得も法人所得も減少するか、その増加率が低下するかのいずれかになるから、税収は減少するか、その増加率が低下する。景気対策として減税政策がとられる場合には、税収は一層減少する。一方、政府支出は大幅に増大するから、財政は赤字になる。この赤字は国債の発行によって埋められる。

ところが、景気がよくなっても、いったん増えた政府支出を減らすことは政治的理由で難しい。景気がよくなれば、個人所得も法人所得も増えるから、税収は増加する。この景気がよくなったため、税率を引き上げることなく増える税収を自然増収という。本来、この自然増収は景気が悪いときに発行した国債の償還財源に当てるべきである。しかし実際には、政府は人気取りのため、税率を下げるなどして減税政策をとることが多い。政府がこうした政策を取れるのは、税率を下げても、所得が増加しているため、必要な税収を確保できるからである。そのため、景気がよくなっても、国債は借り替えられて、その残高は一向に減少しない。

このように景気が良いときに減税政策がとられると、次の景気後退の時期には財政赤字は一層拡大してしまう。こうした財政政策を続けていると、財政赤字が拡大し、国債残高は増加し、政府支出の対国内総生産比も上昇する。

3　社会保障の拡大

大きな政府をもたらすもう一つの要因は、税制と社会保障による所得再分配政策の拡大である。この点を、イギリスの社会保障制度を例にとって説明しよう。

†社会保障とは

社会保障とは何であろうか。まず、保障の意味から説明しよう。日本語の「ほしょう」

には「保障」、「保証」、「補償」などがあり、区別が難しい。このうち「保障」とは安全で、危険のない状態またはそのような状態を保つことをいう。社会保障が対象にする危険とは社会的危険である。したがって、社会保障とは社会的危険がない安全な状態、またはそのような状態を保つことを意味する。それでは、社会的危険とは何だろうか。

社会的危険とは、通常の生活を営むうえで社会生活に由来して起きる可能性のある危険である。具体的には、失業、疾病、障害、予期せぬ長生き、扶養者の死亡などによる所得の減少である。

多くの人の所得の大部分は労働所得（賃金・俸給などと呼ばれる）である。その大きさがどれだけのものになるかは、その人の能力や努力や運などに左右される。しかし、右に述べたような社会的危険に遭遇すると、労働所得それ自体が失われてしまう。これをそのまま放置すると、生活を維持できない人が増加し、社会の不安定要因になる。そこで、社会的安定を取り戻すために、社会的危険による所得喪失を防止する社会保障政策が求められるようになった。

社会的危険のうちどれを社会保障の対象にするかは、国によっても、時代によっても異なるが、福祉国家を目指す国では、社会保障の対象になる社会的事故は時代とともに拡大してきた。そこで次に、戦後、「ゆりかごから墓場まで」と呼ばれた福祉国家を築き上げたイギリスの社会保障の歴史を概観しておこう。

†「ベヴァリッジ報告」とチャーチルの誤算

第一次世界大戦が終わると、イギリスはデフレを伴った長期不況に悩まされるようになった。一九二〇年に四％だった失業率は、大不況期の三一年には、二一％にまで上昇した。

こうした大量失業時代を迎えて、失業保険給付は増大せざるを得ず、失業給付では不足する分は国家扶助でまかなわれるようになった。労働運動が高まり、一九〇六年にはフェビアン協会のフェビアン社会主義の思想の影響を受けて労働党が誕生し、国家が最低限の所得を保障するというナショナル・ミニマムの思想が広まった。フェビアン社会主義のナショナル・ミニマムとは、生涯のすべての段階で、経済生活と文化生活の両面で、最低の基準を設定し、その実現を目指す思想である。

こうした時代と思想を背景に、第二次世界大戦中に、連立内閣によって任命された政府のベヴァリッジ委員会は、四二年一二月に、『社会保険および関連サービス』を発表した。この報告書は同委員会の委員長だったウィリアム・ベヴァリッジの名をとって、「ベヴァリッジ報告」と呼ばれる。同報告は一般大衆に熱狂的に歓迎され、そのパンフレットは飛ぶように売れ、新聞は「ゆりかごから墓場まで」と書きたてた。人々はパブや教会に集まり、灯火管制のもとで、「社会保険はどうあるべきか」といったテーマで討論を闘わせた。

しかし、チャーチルは戦争に勝つことに専念すべきだと考え、どちらかというと「ベヴァリッジ報告」に冷淡だった。一方、労働党は勝利の時期が近づくとともに、「ベヴァリッジ報告」に沿って、大衆の心を捉える政策を次々に打ち出した。

四五年七月二五日、チャーチルはベルリン郊外のポツダムで開かれていた首脳会談を中断して、ロンドンに戻った。総選挙の開票結果を見届けるためである。驚くべきことが起きた。労働党の圧勝だったのである。大戦を勝利に導いたチャーチルにとって、これほどの屈辱はなかったであろう。チャーチルにとっては、戦争に勝つことが先決であり、戦後の生活はその後に考えることであった。しかし、大衆は何よりも平和で安定した生活を望んでいた。一九〇〇年代初頭に失業保険を導入し、福祉国家時代の先陣を切ったチャーチルが、二度と三〇年代のような失業と生活難の時代には戻りたくないという大衆の願望の前に、一時的にであれ退場を余儀なくされたのは、その後に続く時代を象徴していた。

†ナショナル・ミニマムとしてのベヴァリッジの社会保障

ここで、「ベヴァリッジ報告」に戻ろう。この報告の社会保障に関する考え方は次のようなものである。

窮乏の主たる原因は、失業、疾病、老齢、退職などによる労働能力の中断あるいは喪失や、本人以外の死亡による扶養の喪失、出生、死亡、結婚などによる特別の支出である。そこで、人々がこれらの要因によって窮乏に陥るときには、包括的な社会保険制度によって所得を保障する。しかし、国家が社会保険によって保障すべきは、国民最低限の所得(ナショナル・ミニマム)であって、それ以上ではない。したがって、社会保険制度は「均一拠出・均一給付」とし、国民最低限以上の所得保障は各人が私的保険や貯蓄によって確保すべきである。

このように、「ベヴァリッジ報告」の思想は、ナショナル・ミニマムの保障であるから、今から考えれば、きわめて控えめな社会保障であった。

戦後、政権についた労働党は、クレメント・アトリー内閣のもとで、「ベヴァリッジ報告」に基づいて、四六年に新しい「国民保険法」を成立させた。この法によって、失業給付、疾病給付、出産給付、退職年金、寡婦給付、死亡一時金というカテゴリーで金銭を支給する拡大された「国民保険制度」が導入された。

このように、社会保険は生活上予想される主要な偶発事故に対処するものであったが、拠出制の社会保険では対処できない「必要」に対しては、国家の直接的支出、すなわち、国家的扶助(四八年の国民扶助法として実現)によってカバーすることとした。

†ベヴァリッジの三つの前提

ベヴァリッジは、以上の社会保険制度が十全に機能するためには、次の三つの前提が満たされる必要があると考えた。

第一の前提は、自己扶養の年齢以下の児童に対する全額国庫負担による手当てである。ベヴァリッジが児童手当の支給が必要であると考えたのは、賃金が家族の大きさに基づいて支払われない限り、児童のいるすべての家族にナショナル・ミニマムを確保することはできないと考えたからである。児童手当は後に家族手当として実現した。

第二の前提は、疾病の予防・治療ならびに労働能力の回復を目的とする包括的保健・リハビリテーション・サービスを全員に提供することである。ベヴァリッジは、国家は国民の疾病の治療と予防に対して責任を負うべきであるとの立場から、拠出条件なしで、必要な場合はいつでも医療サービスを受けられるようにすべきであると考えた。この考えに基づいて、四六年に、同じく労働党政権のもとで、「国民保健サービス法」が成立し、国民は無料で医療サービスを受けられるようになった。

第三の前提は、雇用の維持と大量失業の防止、すなわち完全雇用である。ベヴァリッジが、完全雇用を社会保険制度が機能するための前提条件であると考えたのは、次の理由による。社会保険はナショナル・ミニマムの所得を保障する以上のものではない。したがって、その支給額は人間の幸福のためには極めて不十分である。しかし、社会保険がナショナル・ミニマム以上の所得を保障しようとすれば、国民の負担が増大し、実行不可能である。そればかりか、失業給付期間が長くなることは、人々の勤労意欲を低下させ、失業給付に対する依存心を強めることになる。

完全雇用の維持はケインズ政策によって可能である。ここに、ベヴァリッジ報告とケインズの経済学との接点があった。

「ゆりかごから墓場まで」といわれたイギリスの社会保障制度の基礎を築いたベヴァリッジの「社会保険はナショナル・ミニマムの所得保障に限定する」という主張は、意外にも今日の「小さな政府」の考え方と一致しているのである。

†ベヴァリッジ原則からの離脱

以上のように、戦後のイギリスの社会保障制度は労働党政権のもとで、四六年から四八年にかけて、「ベヴァリッジ報告」の原則に従ってスタートした。しかしやがて、均一拠出・均一給付の国民保険制度には欠陥があることが明らかになった。失業したり、退職したりしたときの、給付水準が低すぎるという問題である。

国民保険の給付水準の低さを補ったものが国民扶助（日本の生活保護に相当する）であった。四八年の国民扶助法の国民扶助は六六年に補足給付に置き換えられたが、国民保険の給付水準が低かったため、年金受給者や失業者の多くが補足給付に依存するようになった。ベヴァリッジは拠出制の社会保険によって、人々の所得が社会的危険に直面してナショナル・ミニマム以下に落ちることを防止しようとしたが、実際には、ナショナル・ミニマムを保障したのはベヴァリッジが例外的と考えていた扶助制度だった。

年金給付水準の低さは六〇年代から問題になったが、イギリスで、所得比例年金が導入されたのは、七五年に社会保障法が成立してからであり、その実施は七八年であった。これにより、ベヴァリッジの均一拠出・均一給付の原則は崩れた。

しかし、この基礎年金と所得比例年金の二階建て年金制度は、七九年にサッチャー政権が誕生すると、直ちに見直し作業の対象になった。しかしその点は第五章で述べることにして、次に、大きな政府のもうひとつの要因である政府の市場への介入について述べておこう。

4 政府の市場への介入

†フェビアン社会主義と国有化

三〇年代のアメリカは、大量失業と農産物価格の大幅な下落による農村経済の破壊に直面して、フランクリン・ルーズベルト大統領の下で、ニューディールの名のもとに、政府による市場介入を強めた。崩壊した通貨・金融制度を再建するための規制、企業を再建するための企業活動に対する規制、農産物価格を維持するための規制、労働者の権利を守るための規制など、矢継ぎ早に、市場の自由な活動を統制する規制が導入された。

戦後のイギリスでも、政府が自由な市場の活動を統制しようとする各種の規制が導入された。しかし、イギリスの市場介入の特徴は、労働党政権によって進められた私企業の国有化と計画である。

労働党の国有化方針はフェビアン社会主義の思想の影響を受けている。この章の3節で、フェビアン社会主義のナショナル・ミニマムの思想に触れたが、フェビアン社会主義のもう一つの要素は、産業の民主的管理である。これは、重要な産業の生産手段と分配手段を国有化することによって、その所有と経営を公共の利益にしたがって、国家の管理下に置くという思想である。

戦後、政権についた労働党は国有化の方針を全面的に打ち出し、石炭産業を皮切りに、鉄鋼、鉄道、電力、水道、国際電気通信などを国有化した。

労働党がこれらの基幹産業の国有化が必要であると考えたのは、戦前の経験から、これらの産業を民間企業が担うと、投資が不足し、効率も悪いが、国有化すれば、計画的に投資したり、新技術を取り入れたりすることができるため、はるかに効率的になり、公共の利益に資すると考えたからであった。

労働党の市場への介入のもう一つのキーワードは、計画である。三〇年代の経験から、労働党は市場の需給調整能力を信じておらず、生産は計画によって統制されなければならないと考えた。

しかし、国有化と計画は労働党の期待どおりには行かなかった。例えば、四〇年代から五〇年代にかけて、石炭が恒常的に不足していたため、労働党は石炭産業投資計画の名のもとに、積極的に投資を進めた。しかし、六〇年代になると、石油価格が大幅に低下し、タンカーによる石油の大量輸送が可能になったため、石炭は競争力を失ってしまった。市場に任せていれば、主たるエネルギー源は、石炭から石油に転換したであろう。しかし、国有化と計画が支配するところでは、そうした市場メカニズムによる転換は進まず、石炭産業は過剰な生産能力を抱えたまま、政府支出に支えられて何時までも生き残ることになってしまった。

†保守党と福祉国家

それでは、アトリー労働党政権が構築した福祉国家を保守党はどう見ていたのだろうか。大きな政府を作り出す三つの要因のうち、保守党は産業の国有化には反対であったが、完全雇用の追求と社会保障の充実については労働党とほとんど変わらなかった。例えば、保守党は五一年に政権(チャーチル政権)に復帰すると、五三年に鉄鋼産業を私的所有に戻したが、その際に、投資を規制する権限を持つ「鉄鋼局」を設置し、労働党同様に計画的に投資を統制しようとした。七〇年にふたたび保守党が政権(ヒース政権)に返り咲いたときには、政府介入を減らし、「役立たず」の補助を止めると宣言し、労働党政権が作った「産業再編公団」を解散したりした。しかし、非効率な造船所の閉鎖を決定した後、労働組合が組み立てヤードを占拠して対抗すると、たちまち閉鎖を撤回するといった具合であった(これはヒースのUターンと呼ばれる。第五章参照)。

以上のように、戦後のイギリスは、サッチャー政権が誕生するまでの三四年間、政権が保守党であるか労働党であるかにかかわらず、福祉国家を目指して、完全雇用を追求し、社会保障を拡大し、国有化などによる政府の市場への介入を強めた。この党派を超えた合意のもとにおける政治は「合意の政治」(コンセンサス・ポリティックス)と呼ばれた。「合意の政治」のもとで、政府は年々大きくなった。

イギリス型福祉国家は六〇年代までは、他の欧米諸国よりも低かったものの、比較的順調な経済成長に助けられて、発展を遂げたといえよう。しかし、七〇年代初頭に襲った第一次石油ショック後、それまで潜在化していた福祉国家の危機が顕在化することになった。こうした福祉国家の危機はイギリスだけに特有なものではなく、世界的な現象であった。そこで次に、程度の差はあれ、イギリスと同じような運命をたどる日本の福祉国家の形成に目を転じよう。

第二章　知られざる戦後日本の社会主義革命

日本の政府は高度成長期までは比較的小さかったが、高度成長期の終わりから七〇年代にかけて急速に大きくなった。この時期に「大きな政府」を作り上げたのは、田中角栄による「社会主義革命」であった。この章では、戦後から七〇年代までについて、この「社会主義革命」に注目しながら、日本政府が大きく成長して行く過程を概観しておこう。

1　福祉国家の建設

†第一次石油ショック後の財政赤字の拡大

戦後の日本は六〇年代までは、高度経済成長が続き、一時期を除いて、ケインズ政策に頼ることなく、完全雇用を達成することができた。ところが、七三年末の第一次石油ショック後、企業の設備投資意欲は急激に衰え、七四年は戦後初めてのマイナス成長(マイナス一%)になり、日本の高度経済成長はあっけなく終わってしまった。そこで政府は民間の需要不足を補うために、国債を発行して、公共事業を拡大した。しかし、その後、景気のいかんに関わらず、公共事業は拡大し続け、財政はバブル景気が訪れる前年の八六年まで赤字が続いた。

七〇年代以降、小泉政権が発足するまで、公共事業関係費は景気が回復しても減ることは稀になった。それは、高度経済成長期の民間資本の著しい増加に対して、道路や下水道といった社会資本整備の遅れが目立つようになったことと、この章の2節で述べるように、公共事業によって地域間格差を縮小しようとしたからであった。

†シャウプ勧告に基づく税制改革

大きな政府のもう一つの要因は、税制と社会保障の拡大である。

戦後の日本は、軍事費こそ戦前に比べて大幅に減ったものの、立ち遅れた社会資本の整備や社会保障の充実のために、大きな税収が必要になった。そのための税制改革の柱になったのがシャウプ勧告であった。シャウプ勧告とは、アメリカのコロンビア大学のカール・シャウプ教授を団長とする税制使節団が四九年に提案した税制改革案である。

シャウプ勧告による税制―以下、シャウプ税制―は国民の自主申告による包括的所得税を中心とするものであった。戦前の日本の税制では、流通税や消費税などの間接税が大きな比重を占めていた。間接税とは商品やサービスの売買を通じて販売業者や消費者が知らず知らずのうちに負担する税である。それに対して、所得税は税金を納めるたびに、納税者に税負担を意識させる。シャウプが所得税中心主義を採用したのは、一つには、国民が負担感を持った納税者として、中央と地方の政府の政治に関心を持ち、常時、その政治を監視することこそが民主主義の基本であると考えたからであった。

五〇年の税制改正はシャウプ勧告を受け入れたものであった。包括的所得税によりタックス・ベースが拡大したが、累進税率の最高限度はそれまでの八〇%から五五%に引き下げられた。

戦後の税負担の特徴は、負担率の上昇だけでなく、中・低所得者層の納税者が急増し、かれらが負担する税金の税収全体に占める割合が大きく上昇したことである。この状況は大衆課税と呼ばれた。中・低所得者層の納税者が増えたのは、戦災による財産の喪失や財産税の徴収などによって戦前のような富裕層がいなくなったことが一因だった。

†社会保障制度の確立

社会保障制度は公的扶助と社会保険から構成される。日本の公的扶助については、戦後、占領軍の指導の下に生活保護法が成立し、五〇年には、生存権を認めた「権利としての生活保護制度」が確立した。

一方、社会保険については、二〇年代から四〇年代にかけて、健康保険法と労働者年金法が制定されたが、それらが社会保障制度として体系化されたのは戦後である。

まず医療保険については、被用者を対象とした健康保険に加え、六一年に、自営業者などを対象とした国民健康保険制度が確立し、すべての国民が何らかの医療保険に加入するという国民皆保険が実現した。

年金についても、すでに四四年に年金の対象を全被用者とする厚生年金が創設されたが、六一年に自営業者などを対象とする国民年金制度が確立し、すべての国民が何らかの年金に加入するという国民皆年金が実現した。

†福祉元年以降の福祉国家の建設

七三年は福祉元年と呼ばれる。そのように呼ばれる理由は、この年に、老人医療費の無料化、家族療養費の給付率の引き上げ、年金給付の大幅改善と物価スライド制などが実施され、児童手当制度も導入されたからである。たとえば、厚生年金の一人当たり年間平均給付額は、欧米に比べて貧弱といわれた七二年の二〇万円から、七三年には、一挙に倍以上の四六万円に引き上げられた。

七三年以降も、第一次石油ショック後の低成長にもかかわらず、物価スライド制による年金水準の維持と、急激な賃金上昇に対応した給付水準の引き上げが続いた。その結果、八〇年には、厚生年金の一人当たり平均給付額は一二〇万円で、七二年の六倍に達した。このような年金給付水準の引き上げを可能にしたのは、実質的に賦課方式を採用したからであった。賦課方式とは現役世代が払った保険料をかれらに支払う将来の年金給付に備えて積み立てることなく、そのまま退職世代への年金給付に使ってしまう方式である。ただし、最近までは、高齢化がそれほど進んでいなかったため、払い込まれた保険料のすべてを退職世代の年金給付に回す必要はなく、ある程度の積み立てが可能であった。そこで、実際には積立金が存在することを考慮して、この年金の財源調達方式を修正積み立て方式という。しかし、実質は賦課方式である。

以上のように、七三年はじめに福祉元年と銘打って勇ましく船出した日本の福祉国家であったが、七三年末には第一次石油ショックが世界を襲い、以後、日本の経済成長率は八〇年代半ばにバブル景気が訪れるまで、高度経済成長時代の半分以下の四％台に低下してしまった。

このように、日本は低成長期に入るまさに直前に、老人医療の無料化や賦課方式による年金給付の大幅改善を伴う「手厚い福祉国家」に向かって、勇ましくも船出してしまったのである。この「手厚い福祉国家」は、高度経済成長の持続と欧米に比べて人口の高齢化が進んでいないという二つの条件を前提にして初めて成り立つ。ここに、今日の年金問題のすべての根源がある。

以上の一連の改革によって、日本の社会保障制度は完成し、以後、社会保障関係費は膨張の一途をたどることになった。

社会保障には、税金を財源とする生活保護や高齢者・障害者など何らかの公的援助が必要な人に対する社会福祉と、保険料を主たる財源とする年金、医療、雇用に関する公的保険がある。しかし、公的保険もすべてが保険料でまかなわれるわけではなく、税金が投入されている。

社会保障関係費とは、社会保障給付のうち税金で負担される分、すなわち、国庫負担分をいうが、福祉元年の七三年には前年度よりも一挙に三三％も増加し、七四年度はさらに四一％、七五年度は三二％と急増し続けた（図2-1）。

図 2-1　社会保障関係費と公共事業費の推移

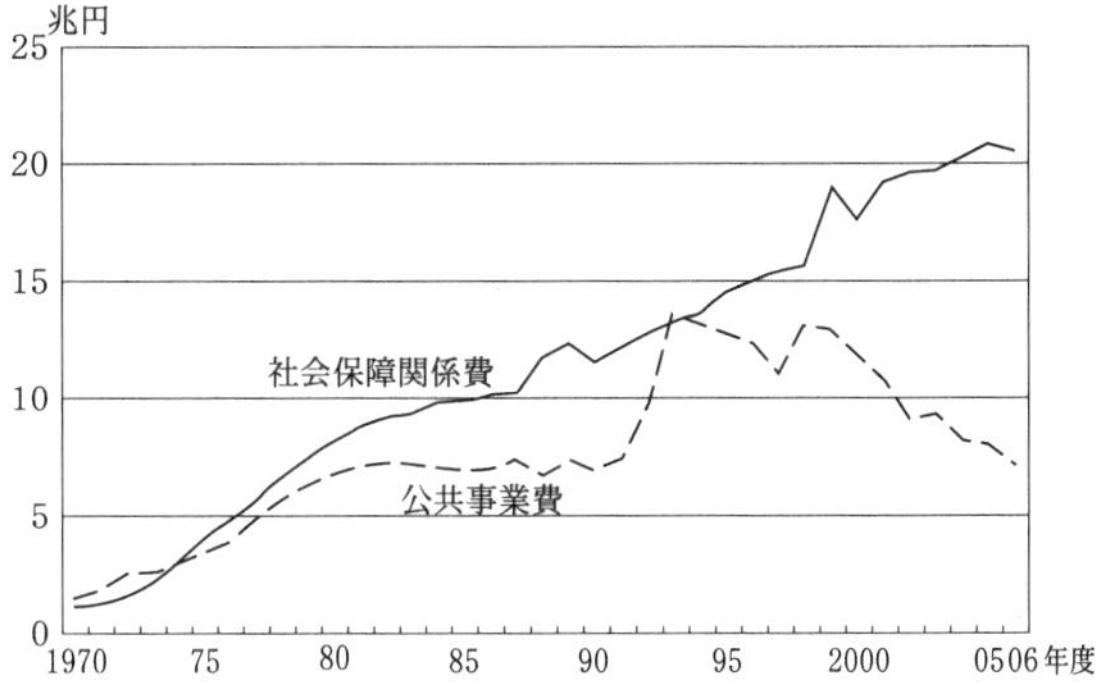

（資料）財務省『財政関係諸資料』財務省ホームページ

一方、年金などの社会保障の財源である保険料負担の国民所得比（以下、社会保険料負担率）は、六五年には四・四％だったが、七〇年代後半にはほぼ二倍の八％台後半に上昇した。

2　「角栄型大きな政府」と低成長

†過密・過疎問題と地域格差の拡大

高度成長期の六〇年代半ばころから、東京圏・名古屋圏・大阪圏といった大都市圏の過密と地方圏の過疎が高度成長の「ひずみ」として指摘されるようになった。たとえば、大都市圏では鉄道や道路の整備が人口の急激な流入に追いつかず、深刻な通勤・通学難や道路渋滞が発生した。その一方で、地方圏では急激な人口流出により鉄道やバスなどの公共交通機関の運行回数が減って不便になっただけでなく、公共交通機関を維持すること自体が財政的に困難になった。

地域間の所得格差も拡大した。一人当たり県民所得をみると、島根県は高度経済成長の恩恵にあずかることが少なく、高度成長の真っ只中の六五年度になっても全国平均の六六％しかなかった。

こうした過疎問題に象徴される地域格差は、六〇年代半ば以降解決すべき最優先の政治課題になり、次々に、計画とそれを遂行するための立法・財源措置がとられるようになった。

†田中角栄の「列島改造論」

地域格差の是正を早くから政治課題に取り上げたのは、自民党の田中角栄であった。七二年七月、田中は内閣総理大臣に就任したが、その半月前に出した『日本列島改造論』は空前のベストセラーになった。

この本を読むと、田中が内閣総理大臣に登りつめるまでに、いかに多くの議員立法（名目は内閣提案であったが）を成立させて、国土の再編成に着々と取り組んできたかが分かる。『日本列島改造論』はその総仕上げであった。

田中は「明治維新から百年あまりのあいだ、わが国は工業化と都市化の高まりに比例して力強く発展した」(同書の「序にかえて」二頁)ことを認める。しかし、「明治百年をひとつのフシ目にして、都市集中のメリットは、いま明らかにデメリットへ変わった。国民がいまなによりも求めているのは、過密と過疎の弊害の同時解消であり、美しく、住みよい国土で将来に不安なく、豊かに暮していけることである」(序二頁)。そのための手段は「工業の全国的な再配置と知識集約化、全国新幹線と高速自動車道の建設、情報通信網のネットワークの形成など」であり、それらを「テコにして、都市と農村、表日本と裏日本の格差は必ずなくすことができる」(序二頁)という。

田中は首相になるはるか前から、道路整備こそ過密・過疎の弊害を同時に解消し、地域格差をなくす切り札であると考えていた。しかし、道路を全国あまねく整備するには膨大な資金がいる。考えあぐねた末、田中は揮発油税を道路整備の財源にするというアイデアを思いつき、五三年(昭和二八年)に、議員立法で「道路整備費の財源等に関する臨時措置法」を作った。これが道路特定財源の始まりである。田中はこの法案を成立させるために、「衆参両院、とくに参議院では百日間」にわたって、「答弁をすべてひとりで」(一四頁)行ったほどの熱の入れようであった。以後、道路特定財源は打ち出の小槌のごとく道路建設に使われることになった。

一方、高速道路の整備については、これも田中の議員立法で出来た「有料道路制度」を活用して、高速道路公団が財政投融資資金を借り入れ、料金収入で元利金を返済する方法を取ることとした。

では、工場の再配置はどうやって進めるのか。すでに、五九年に田中の肝いりで、「工業等制限法」が制定され、東京などの大都市では工場と大学の建設が原則禁止された。大学までもが大都市から追い出されたのは、大学生は鉄道混雑の原因だという理由からである。

田中はさらに進めて、「工業再配置は太平洋ベルト地帯とその他の地域との格差をなくしてしまおうという巨視的な構想に立つ政策である。全国新幹線、高速自動車道の建設などと呼応して、太平洋ベルト地帯の大都市とその周辺地域から遠隔地や裏日本へ向けて工業の大移動を行ない、これらの地域で新たに工業をおこそうというものである」（八三頁）とまことに気宇壮大である。

田中が描いた工業再配置計画を具体的にしたのが、六二（昭和三七）年から始まった「国土の均衡ある発展」を目指す全国総合計画（以下、全総）であった。全総はその後五回にわたって改定された。

六二年に策定された最初の全総は一全総と呼ばれ、七〇年までに、大都市圏からある程度離れた地域に、工場地域や都市を開発する拠点（開発拠点）を配置し、それらを大都市圏と交通・通信網で結んで開発することによって、地域格差を是正し、地方圏の都市基盤を整備することを目標としていた。開発拠点に指定されたのが新産業都市であり、以後、財政における代表的金食い虫になった。六九年には新全総が策定されるが、この計画では新幹線や高速道路などのネットワークを整備し、大規模プロジェクトを推進する開発方式が採用された。

過疎・過密を同時解消する工業再配置計画を進めるためには、田中は財政の考え方を次の二つの観点から根本的に考え直す必要があるという。

第一は、財政の先行的運用である。これまでの財政は、実績主義による後追い投資の方法で運営されてきたが、「国土改造にあたっては、このように消極的な財政運用は許されない。国土改造は未来を先取りするものであり、交通網の整備などには巨額の資金が必要だからである」（六頁）。

財政の先行的運用はそれまでの均衡財政主義からの離脱を意味した。「現在の世代の負担だけではなく、未来の世代の負担をも考慮した積極的な財政政策を打ちだすことが必要である。子どもや孫たちに借金を残したくないという考え方は、一見、親切そうにみえるが、結果はそうでない。生活関連の社会資本が十分に整備されないまま、次の世代に国土が引きつがれるならば、その生活や産業活動に大きな障害がでてくるのは目にみえている。美しく住みよい国土環境をつくるには、世代間の公平な負担こそが必要である。

このような積極財政は、社会資本の充実や教育、医療の改善、技術開発の促進につながるだけでなく、経済の高成長をうながす道にもなる。これは単に、公共投資の拡大や所得の再配分によって直接的に需要が増加するというだけでなく、それに付随する経済効果が大きいからである」（七二頁）。

これは積極財政の勧めである。一般に、大蔵官僚（現在は、財務官僚）は骨の髄まで均衡財政主義者であるといわれる。当時、大蔵官僚はこの田中の積極財政の勧めをどんな気持ちで聞いたのであろうか。

いずれにせよ、田中がロッキード事件で失脚した後も、地方に配分が傾斜した公共事業は田中の積極財政方針に基づいて増大し続け（図2-1、三七ページ）、八六年度まで財政赤字が継続することになった。

公団等を含む中央政府と地方政府の一人当たり行政投資（用地費・補償費、補助金などを含む建設投資）の地域配分を見ると、高度経済成長期は、北海道・東北・日本海側の県などの地方と東京都の間にほとんど差はなかった。しかし、七〇年代半ば以降、地方への配分の方が東京都よりもはっきりと大きくなった。八〇年度についてみると、北海道、岩手、新潟、富山、鳥取、島根などは東京都の一・四倍から二倍に達した。

このように、地方へ手厚く公共事業を配分するためには、財源は地方税だけでは大幅に不足する。この不足を埋めたのが、地方交付税と補助金であった。

田中が主張した財政について根本的に考えを改めるべき第二の点は、税制の積極的活用である。「大都市の機能を鈍化し、地方開発を促進するには、税制の政策的な調整機能、すなわち禁止税制と誘導税制を有効に活用しなければならない」(六頁)。この考え方から、大都市では受益者負担あるいは原因者負担の原則のもとに集積と開発利益を吸収して新しい国づくりの資金にあてる。田中が『日本列島改造論』で「企業追い出し税」という名で創設を提案した税は、事業所税として実現した。これは、人口三〇万人以上の都市に存在する床面積一〇〇〇㎡以上または従業員一〇〇名以上の事務所にだけに課せられる税である。

一方、集積の利益を享受できない地方には、生活・産業基盤整備、工場立地などについて思い切った優遇措置をとる。具体的には、過疎地域に立地する企業に対しては、固定資産税を二五年間免除するとともに、補助金も支給し、固定資産税減免で税収が減る地方公共団体には、国が交付金などで減収分を埋め合わせる。

本書を執筆するに当たって、『日本列島改造論』を読み返したが、そこに書かれている計画は、全総によるさまざまな地域開発計画、九千キロメートルにわたる全国新幹線網、リニアモーターカーによる超高速新幹線、一万キロメートルの高速自動車道路網、表日本と裏日本とを結ぶ横断道路、三本の本州四国連絡橋など、その後実現した計画かいまだ実現していないものの依然として健在な計画ばかりであり、田中の先見の明(?)とその影響力の強さに改めて感心するばかりである。

アダム・スミスは自由な競争は「見えざる神の手」に導かれて私益だけでなく、公益も最大にすると述べた(第三章参照)。それに対して田中は、計画経済は「田中という見える神の手」に導かれて、私益だけでなく、公益も最大にすると考えたのであろう。

以上、二つの節にわたって説明してきた要因により、七〇年代に、政府支出(社会保障基金からの保険金給付を含む)の対国内総生産比は六〇年代の平均二〇%から六%も上昇して二六%になった。一方、政府収入(社会保障基金への保険料収入を含む)の対国内総生産比は六〇年代の二一%から二五%に上昇した。このように、七〇年代(とくに、七〇年代半ば)以降、地域格差の縮小と工業の再配置を目指して公共事業費が増大するとともに、福祉国家を目指して社会保障関係費も急増したため、日本政府は急速に大きくなった。

†さまざまな弱者対策

七〇年代以降、急速に政府が大きくなったのは、財政や社会保障面だけではなかった。田中の自民党幹事長時代（六六年）には、官公需法が制定された。これは政府が調達する財・サービスの一定割合は中小企業に発注しなければならないという法律である。実際、この法律に基づいて、毎年、政府調達に関して、「中小企業者に関する国等の契約の方針」と題する閣議決定が出る。これには中小企業向けの契約や目標額が書かれている。この目標額は毎年、総額の約四〇％である。

さらに、公共事業を地元の中小企業が受注できるように、極力、分離分割発注するようにという国土交通省の通達があり、閣議でもそのように決定されている。工事の金額を小さくすれば、中小企業でも指名を受ける基準を満たせるようになるから、これも地元業者に優先的に公共事業を配分する仕組みである。

七三年には、スーパーなどの大型店の出店を規制する「大店法」（正式名は、「大規模小売店舗における小売業の事業活動の調整に関する法律」）が成立した。これは七三年三月の衆議院選挙で田中内閣が都市部で大敗したために、都市票を集めるために作られた法律であるという説（増田悦佐《えつすけ》『高度経済成長は復活できる』文春新書）がある。この法律により、スーパーのような大型店は地元の零細小売店の同意がなければ出店できなくなってしまった。しかし、大店法があっても零細小売店の廃業の傾向に歯止めをかけることはできなかった。消費者は零細小売店よりも品揃えがよく、質がよい割に安い大型店で買い物しようとするから、これは当然の成り行きであった。結局、もっと消費者の利益に配慮せよという声に押され、大店法は九八年に廃止され、新たに大店立地法が制定された。これ以後、大型店出店ラッシュがおき、消費者の利益は拡大した。

「大きな政府」との関わりで触れておかなければならないもう一つの七〇年代の弱者対策は、米価政策である。六〇年代の終わりには、米はすでに供給過剰になっていた。そこで、七〇年代以降、政府は稲作からの転換を図るため、転作奨励補助金を出して、農家に稲作面積を削減（減反政策）させ、米以外の作物の生産を奨励するようになった。

米余り時代が到来したため、政府は米価も抑制しようとした。しかし、実際には、政治加算され、政府の農家からの米の買入価格（生産者米価）は七〇年から七九年にかけて消費者物価とほぼ同じ倍に引き上げられた。

このように、生産者米価が引き上げられたため、農家にとって米は依然として最も有利な農産物であることに変わりはなかった。そのため、農家は減反に反対し、稲作転換はなかなか進まなかった。なによりも問題だったのは、農家に自助努力ではなく、政府に高米価や高率関税などを求める政治活動によって、利益を拡大しようとするインセンティブ（誘因）を与えてしまったことであった。こうした政治を通じた利益追求活動をレント・シーキングという。

政府は、米は日本人にとって特別な食料であるという理由から、一方で、米の輸入を禁止し、他方で、減反政策や高米価政策を続けることによって、零細小規模生産から大規模生産への転換を阻害してきた。実際に、農家一戸あたりの平均耕地面積は六〇年の〇・九ヘクタールから、四〇年たっても一・二ヘクタールに増えただけである。ちなみに、アメリカのカリフォルニア州の平均耕地面積は日本の一〇〇倍以上の一二七ヘクタールである。これでは初めから勝負にならない。

このようにして、米は外国産米に四九〇％（二〇〇六年五月現在）もの関税をかけて、やっとその輸入を阻止している状況である。結局、農家は国内産米価を少しでも国際価格に近づける努力をしようとせず、もっぱら、政治活動によって高い米価や超高率関税を要求し続けるばかりであった。

†田中角栄の「社会主義革命」

以上に述べた七〇年代の経済政策の特徴は、①過疎地に代表されるような人口の少ない地方に対する公共事業、地方交付税・補助金などの税・財政面での優遇と②農業、中小企業、零細小売業の保護であった。この田中角栄創作の経済政策とそれを実施するための「利権政治」体制を、増田悦佐は「角栄型社会主義」と呼び、「世界で唯一成功した社会主義である」（『高度経済成長は復活できる』文春新書）という。

増田によれば、田中角栄は「弱者保護のもとに利権政治を集大成した社会主義革命家である」。しかも、民主主義手続きを踏まえた平和裏での社会主義革命だったから、北朝鮮の国家元首金日成以外は、だれも、まぎれもない自民党議員である田中がまさか社会主義革命を実践しているとは気がつかなかったほどであった。

田中は、「地方も、農民も、中小企業も、零細小売業もみな弱者であるから、強者から金を取り上げ、強者の活動を制限して助けなければならない」という。

当時の社会党や共産党は「自民党は大企業の利益を優先する党で、庶民の敵だ」という論陣を張って党勢を拡大しようとした。しかし、角栄型自民党の実態は弱者の味方だったのだから、社会党や共産党が自民党に勝つことは到底できない相談であった。

田中の弱者対策の論理はどう見ても過激な社会主義革命思想ではなく、穏健な「やさしい親父さんの思想」である。しかし、経済は「やさしい親父さんの思想」でうまく運営できるほど甘くはない。新産業都市だ、テクノポリスだ、リゾートだといって、どこでも他人の金をつぎ込めば成功するというものではない。起業家や投資家は自分の大事な金を使うからこそ、十分調査し、リスク以上の利益が見込めると思うからこそ、企業を起こし、投資するのである。それが他人のお金で投資可能で、かつ、失敗しても他人が始末してくれるのであれば、われもわれもと、自治体が採算など度外視して、新産業都市やら、テクノポリスやら、リゾート開発地やらに名乗りを上げ、挙句の果ては失敗して、借金を棒引きにしたり、国税で穴埋めせよといい始めるのは目に見えている。

第一次石油ショック後に、突然、高度経済成長が終わり、その後八〇年代の半ばまで経済成長率が高度経済成長期の半分以下になった原因については、石油価格高騰説とアメリカ経済へのキャッチ・アップ終了説とがある。しかし、二度の石油ショック後、物価が石油価格以上に上がったため、石油の実質価格（物価に比べた石油の価格）は低下したことを考えると、石油価格高騰説の妥当性は大いに疑問である。それに対して、増田は、田中角栄の「結果の平等」を目指す社会主義革命こそが高度経済成長を終わらせた真犯人であるという。

確かに、生産性の高い大都市から、それが低い地方に工業を移し、生産性向上に努めなくても政府が高い価格や仕事を保障すれば、日本経済の生産性は低下し、それに伴って経済成長率も低下するであろう。

図 2-2　都道府県別人口の対全国人口比の推移

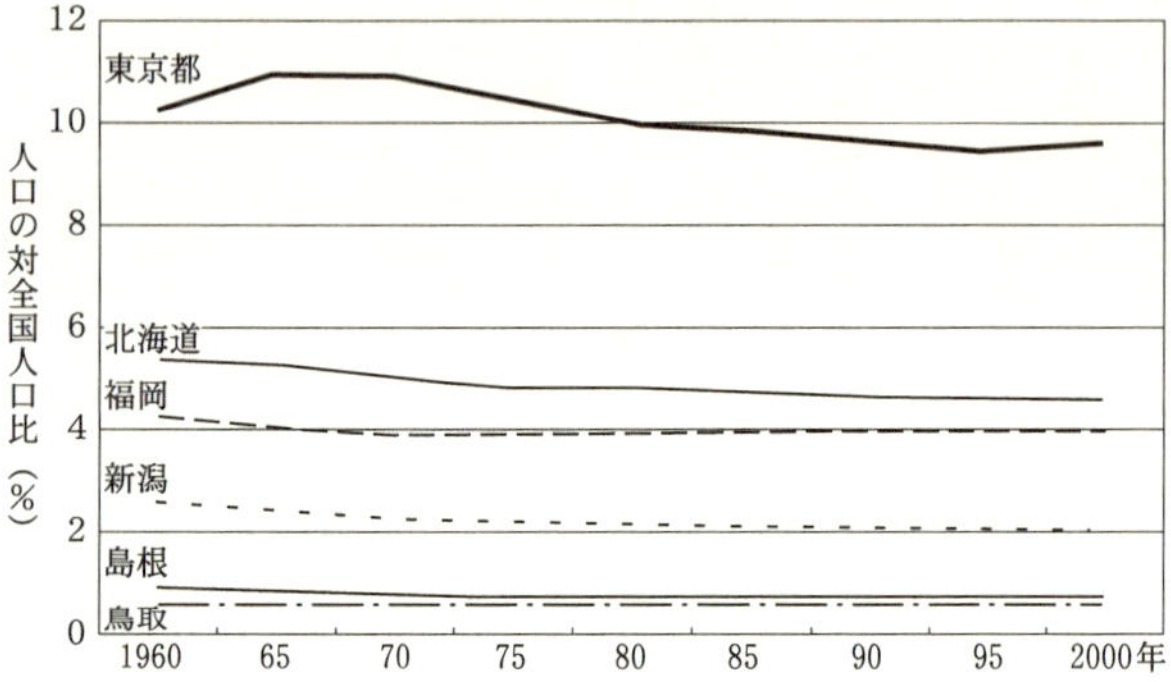

（資料）国立社会保障・人口問題研究所『人口統計資料集2006年版』

田中角栄型社会主義革命の成功により、地域間の所得格差と行政サービス格差が大きく縮小したため（地域間の行政サービスの縮小については、第八章の2節を参照）、七〇年以降、東京圏への人口の転入超過（転入人口から転出人口を引いた人口）は急激に減少した。図2-2は七〇年を境に、北海道を除く地方県の人口の全人口に対する比率がほぼ一定になったことを示している。すなわち、七〇年代以降、大都市への人口移動はほとんど停止したのである。

そこで次の第三章と第四章では、「結果の平等」がもたらす厳しい経済的帰結に注目し、なぜ大きな政府は経済成長の低下を招くのかを、経済学的に考えてみよう。

第三章

新自由主義の台頭——「小さな政府」の思想

一九七三年の第一次石油ショック後、欧米諸国は高インフレ下の高失業と低成長、すなわち、スタグフレーションに見舞われた。日本も成長率は高度成長期の半分以下に落ち込んだ。日本では失業率はほとんど上昇しなかったが、インフレ率は上昇した。

こうした時代を背景にして、経済学界では、財政金融政策によって完全雇用を達成しようとするケインズ経済学の信頼性が大きく低下し、代わって、シカゴ大学経済学部教授ミルトン・フリードマンを代表とする現代版貨幣数量説（マネタリズム）の影響が高まった。現代版貨幣数量説はケインズ以前の古典派経済学と結びついていたから、現代版貨幣数量説の台頭は古典派経済学の復活でもあった。古典派経済学の思想は小さな政府を理想とする自由主義である。

自由主義の思想は七〇年代終わり頃から、アメリカやイギリスなどのアングロ・サクソン諸国を中心に、次第に中心的な政治・経済思想の地位を占めるようになり、アメリカのロナルド・レーガン大統領やイギリスのマーガレット・サッチャー首相の経済政策に大きな影響を及ぼした。なお、後に述べる理由で、フリードマンらの自由主義は今日では新自由主義（ネオ・リベラリズム）と呼ばれている。

それでは、新自由主義とはどんな経済思想であろうか。またそれは古典派経済学と現代版貨幣数量説とどのような関わりを持っているのだろうか。この章では、はじめに、現代版貨幣数量説によるスタグフレーションの分析を説明し、その後に、新自由主義の経済思想のうち平等に関する問題以外の問題を扱う。新自由主義の平等に関する考え方は次章で説明する。

本章と次章で扱う新自由主義の政治・経済思想は、第五章以下の「大きな政府の問題」と「小さな政府が求められている理由」を理解する上でのベースになる思想である。

1 スタグフレーションと現代版貨幣数量説

†現代版貨幣数量説によるスタグフレーションの理解

六〇年代までは欧米諸国で、「インフレ率が上がれば、失業率が低下する」という安定的な関係が観察された。しかし、六〇年代の終わり頃から、とくに七〇年代に入ってからは、インフレ率が上昇しても失業率は低下しなくなった。それは何故であろうか。

貨幣数量説の復活を目指したフリードマンは、高インフレ率と高失業率の併存というスタグフレーションを次のように説明する。

失業者は、①現行の賃金や提供される職のもとでは、働きたくないために働かない人、②よりよい仕事を求めて職探しをしている人、及び③企業が求める能力を持っていない人に分けられる。①を自然失業者とか構造的失業者といい、②を摩擦的失業者という。③はミスマッチによる失業者であり、自然失業者に分類されることもある。

それに対して、ケインズ経済学は、実際の失業者の中には、賃金が下がらないために、もし賃金が下がれば雇ってもらえたはずの人（この失業を非自発的失業という）が存在すると考える。その場合、賃金が下がらなくても、物価が上がれば、企業が売るモノの価格に比べて賃金が安くなるから、企業の雇用需要は増えるであろう。その結果、非自発的失業も減少すると考えられる。この企業の売るモノの価格と比較した賃金を実質賃金という。つまり、これは、インフレを起こして、実質賃金を引き下げれば、非自発的失業を減らすことができるという考え方である。

そこで、ケインズ経済学は、失業率が高いときには、財政支出の拡大や金融緩和政策などのケインズ政策によってモノに対する需要を増やせば、インフレが起き、非自発的失業がなくなり、完全雇用を達成することができると考えた。

ところが、インフレが起きると、労働者たちは実質賃金の低下を防ごうとして、労使交渉の場で賃上げを要求するようになり、使用者側も増加した雇用需要を満たすためにこの賃上げを受け入れるようになった。しかし、賃金がインフレ分だけ上がれば、企業にとって雇用を増やすメリットはなくなってしまう。そのため、雇用需要としたがって失業者の数も、インフレが起きる前の水準に戻ってしまう。結局、残るのは、高インフレと高失業率だけである。

†ケインズ政策では引き下げられない失業率

失業者のうち、①の失業者は働きたくないために働かないのだから、失業対策の対象にはならない。しかし、社会保険制度には構造的失業者を増やす要因が存在する。例えば、失業保険（日本では雇用保険という）をもらうだけで働こうとしない人がいる。日本の雇用保険の支給期間は最大でも一年程度であり、若者の場合には三〇日程度であるから、この雇用保険が構造的失業者を増やす効果は小さいと考えられる。しかし、ヨーロッパ諸国の中には実質的に無期限に失業保険を支払っている国がある。そうした国では、笑い話ではないが、「私の職業は失業者です」と言う人さえ現れる。新自由主義者は社会保険にはこうした勤労意欲阻害効果があるとして、その抜本的改革、さらには廃止を主張する。

次に、②の職探しのために失業している人を減らすためには、職業紹介制度や労働者派遣制度に対する規制を緩和するなどして、職探しの時間を短縮する政策が必要になる。

最後に、③のミスマッチによる失業者に対しては、教育や訓練制度などに対する公的援助を拡充することによって、人々の雇用される能力を引き上げる政策が有効である。

以上のように、フリードマンによれば、ケインズ政策によってではなく、①社会保障制度を抜本的に改革して、その制度のもとで失業を選択する人を減らし、②職業紹介制度・労働者派遣制度の規制緩和や教育・訓練制度の改革によって、摩擦的失業や労働のミスマッチを減らす政策が、職を求める人にとってだけでなく、社会全体の労働生産性を引き上げて、成長率を高めるためにも有効である。

†新自由主義はなぜインフレを問題にするのか

競争的な資本主義を高く評価するフリードマンらのマネタリスト（現代版貨幣数量説を主張する人たち）は、六〇年代終わり頃から、ケインズ政策をインフレを恒常化させたと激しく攻撃するようになった。それではインフレのどこに問題があるのだろうか。

マネタリストにとっても、インフレ率が高くても市場機構がうまく機能する限り、なんら問題はない。しかし、マネタリストは、インフレ、とくに不安定なインフレは、市場の働きを歪め、人々の貯蓄計画や企業の投資計画を狂わせるため、貯蓄や投資を減らし、成長率も低下させると考える。したがって、インフレは競争的な市場の機能を高く評価するかれらの思想とは相容れない。

とくにかれらが問題にするのは、インフレと税の関係である。例えば、累進所得税を考えてみよう。ある人の年間の給与所得が五〇〇万円であるとする。この所得に適応される所得税率を一〇%とすると、税引き後の所得は四五〇万円になる。次に、インフレ率が一〇%で、給与所得も一〇%だけ増えて五五〇万円になったとしよう。このとき適応される所得税率が一〇%で変わらなければ、この人の税引き後の所得は四九五万円になる。このケースでは、この人のインフレが起こる前の税引き後所得は四五〇万円であったから、インフレ後の税引き後所得は四五万円だけ増える。したがって、税引き後所得はインフレ率と同じ一〇%だけ増えたことになる。この場合は、インフレが起きてもこの人の税引き後所得の購買力、すなわち、実質所得は変わらない。

しかし、所得税率の累進性のために、インフレ後の五五〇万円の所得に対する税率は一〇％から一五％に上がるとしよう。この場合には税引き後の所得は四六七万五千円になる。したがって、税引き後所得の増加率は三・九％に留まる。この人がインフレ前と同じ購買力を持つためには、税引き後所得はインフレ率と同じ一〇％だけ増えなければならないから、購買力で測ると、この人の税引き後所得は六・一％も減ってしまったことになる。これは、インフレによって実質的な増税が行われたことを意味する。

マネタリストは、もともと所得税は人々の勤労意欲を阻害すると主張するが、累進的な所得税制の下では、インフレは実質的な税率を高めることによって、人々の勤労意欲を一層阻害すると主張する。

インフレ下での税は、購買力で測った実質的な資本所得も減少させる。すなわち、インフレが発生すると、たとえ利子率がインフレ率だけ上がっても、利子所得税のために、購買力で測った利子所得は減少してしまう。つまり、インフレは利子所得に対しても自動的な増税になる。

この資本所得に対するインフレと税の効果は株式のキャピタル・ゲイン（値上り益）に対しても同じように働く。すなわち、インフレと税の組み合わせにより、インフレになると、購買力で測った株式投資利益率は低下し、自動的な増税が行われてしまう。

このように、税制にインフレが組み合わされると、資本所得の実質的な収益率も低下する。それによって、人々の貯蓄は減少する可能性がある。貯蓄は企業の設備投資の資金源であるから、人々の貯蓄が減少すれば設備投資が減少し、その結果、成長率も低下するであろう。

以上のように、マネタリストはインフレと税によって、市場の有意義な機能が損なわれるとして、インフレを引き起こすケインズ政策を激しく攻撃した。

†サプライ・サイド・エコノミックスからの応援

以上のマネタリストによるインフレと税の問題点の指摘を理論的・実証的に支えたのはサプライ・サイド・エコノミックスであった。サプライ・サイド・エコノミックスが登場する以前の経済学界では、経済の需要側を重視するケインズ経済学が主流を占めてきた。

サプライ・サイド・エコノミックスは第二次大戦後のアメリカ経済の生産性が一貫してなぜ低下し続けたかという「生産性のパズル」に回答を与えようとして登場した学説である。ここでは、サプライ・サイド・エコノミックスを詳細に紹介している余裕はないので、その要旨だけを述べておこう。

サプライ・サイド・エコノミックスが第一に槍玉に挙げたのは、利子や配当や株式譲渡所得などの資本所得に対する課税は二重課税になっているという点である。

所得税制の下では、労働所得を稼ぐとそれに対して所得税が課せられる。貯蓄しない人の課税はこれで終わる。ところが、労働所得をすべて消費に使わずに、一部貯蓄すると、貯蓄から得られる果実である利子や配当や株式譲渡所得に対してふたたび所得税が課せられる。これは、いったん課税された労働所得が貯蓄された場合には、ふたたびその貯蓄からの所得に課税されるという意味で、二重に課税していることを意味する。これは、所得税制が貯蓄する人を貯蓄しない人よりも不利に扱う例である。この二重課税を避けるためには、貯蓄または貯蓄の果実（利子など）には課税せず、消費などの支出に課税すべきである。

こうした資本所得課税は二重課税であり、貯蓄と投資を減らすことによって国民所得を減らしているというサプライ・サイド・エコノミックスの理論的・実証的分析結果は、実際に、その後、日本でも欧米諸国でも資本所得税率の引き下げや付加価値税や消費税などの支出税の導入やそれらの税率引き上げの根拠として利用された。

2 新自由主義の政治・経済思想

†新自由主義とは

新自由主義（ネオ・リベラリズム）は七〇年代の終わりから八〇年代にかけて、アメリカやイギリスなどのアングロ・サクソン諸国を中心として政府のあり方に大きな影響を及ぼした。当時、とくに大きな影響力を発揮したのは、フリードマンであった。その夫人との共著『選択の自由』は日本を含む世界各国で翻訳され大ベストセラーになった。そこで、フリードマンの政治・経済思想を紹介しておこう。

フリードマンの政治・経済思想が最も体系的に示されている著書は、『資本主義と自由』（原著一九六二年）である。フリードマンはこの書を有名なジョン・F・ケネディの大統領就任演説の引用で始める。すなわち、「祖国があなたのために何をしてくれるかを問うのではなく、あなたが祖国のために何ができるかを問うて欲しい」というくだりである。この演説は、今でも「最も偉大な大統領就任演説」として、アメリカ国民だけでなく世界の多くの人々の記憶に留められている。

「祖国があなたのために何をしてくれるかを問う」ことは、個人が政府に保護を求めることである。これは自分の運命は自分自身が責任を取るという自由主義の信念とは相容れない。したがって、フリードマンはこのケネディの演説の「祖国があなたのために何をしてくれるかを問うのではなく」という前半部分には同意する。しかし後半の、「あなたが祖国のために何ができるかを問うて欲しい」という部分は、国民を政府のしもべ、もしくは奉仕者と見る見方であり、自由主義の思想とは全く相容れないと、フリードマンはいう。というのは、「彼（自由人）は、政府が方便であり手段であって、恩恵や贈り物の授与者でもなければ、盲目的に崇拝されたり奉仕されたりすべき主人または神でもないと考える」（同書邦訳一頁）からである。むしろ、自由人にとって最も重要な問いは、「われわれのつくり出す政府が、それを設立することによって擁護しようとした自由そのものを破壊するフランケンシュタインにならないようにすることは、いかにして可能であるか」（同書二頁）という問いである。

フリードマンが自らを「自由主義者（リベラル）」というときの自由主義（リベラリズム）は一七世紀イギリスのジョン・ロック（一六三二〜一七〇四年）の思想にまでさかのぼる、「何人も自己の運命を自分の自由意志で切り開く自由がある」という思想である。ただし、「他人の同じ自由を妨げない限り」という条件がつく。

ロックの自由主義の思想は一八世紀にアメリカ建国の思想になり、合衆国憲法に結実した。

ところが、今日のアメリカではリベラリズムという言葉は社会民主主義的思想を指すように変化してしまった。社会民主主義的思想は政府の市場への介入を支持し、「結果の平等」に重点をおいている点で、フリードマンらの自由主義思想に対立する思想である。フリードマンはこの今日の自由主義(リベラリズム)の用語法に大きな不満を抱いている。

今日では、フリードマンの古典的な自由主義を新自由主義(ネオ・リベラリズム)と呼ぶようになったが、ここでは、フリードマンの意思を尊重して、古典的な自由主義を自由主義(リベラリズム)と呼ぶことにして、話を進めよう。

†経済的自由とは

自由主義の内容は経済的自由と政治的自由とから構成される。このうち、経済的自由は政治的に自由であるための十分条件ではないが、必要条件である。経済的自由とは、何人も自由意志に基づく自発的な契約や取引を制約されたり、自発的交換以外の取引を強制されたりすることがないという自由である。

こうした経済的自由を保障する経済システムは、これまでのところ競争的な資本主義以外には存在しなかった。競争的な資本主義は、個人（法人企業のような、個人が自由意志に基づいて創設した組織を含む）がお互いに自発的な交換による協力を通じて、何百万人もの人の経済活動を相互調整する経済システムである。この個人の自発的交換による協力によって、個々人が何をどれだけ、どのように生産し、どれだけの所得の分配を受けるかが決定される。

†自発的交換による利益

人々が他人との自発的交換に応ずるのは、あくまでも自分の利益を追求するからであって、他人の利益を追求するためではない。もちろん、他人の利益のためだけに（利他主義）交換に応ずる人がいないわけではない。しかし、そういう人はまれであり、利他主義は多くの人の自発的交換の特徴を示すものではない。

各個人は利己的な動機に基づいて交換に応ずるが、その交換は交換相手の利益をも増進することになる。それは利己主義者といえども交換によって利益を得ようとすれば、交換相手の利益になるようなモノを提供しなければならないからである。

結局、利己主義者であっても交換する際には、交換相手の利益になるように行動せざるをえないから、交換はすべての人の利益を増やすことになる。このことを最初に明らかにしたのはアダム・スミスの『国富論』（一七七六年）であった。

†競争的市場は公共の利益も最大化する

スミスはさらに進んで、自分の利益しか頭にない個人がかれの意思に関わりなく、結果として社会全体の利益をも増進することを、有名な「見えざる手」という言葉を用いて説明した。その理由はこうである。

各個人は自分が作り出すモノが交換を通じてできるだけ大きな価値を持つように努力する。自分が交換に差し出したモノの価値が大きければ、それだけ交換によって大きな価値を手に入れることができるからである。その結果、各個人は自分が意図したわけでもないのに、社会全体が作り出すモノの価値を最大化することになる。そのときかれは社会一般の利益を増進しようと思っているわけではなく、自分が社会の利益をどれだけ増進しているかも知らない。生産物の価値が最大になるように努力するのは、自分自身の利益のために過ぎない。それにもかかわらず、「見えざる手」に導かれて、自らが意図してもいなかった社会全体の利益を増進することになる。

このスミスの「見えざる手」とは市場における交換システムであり、具体的には各々のモノの相対的な価格である。

†競争が重要

フリードマンは個人の経済的自由を保障する経済システムは、単に資本主義ではなく、競争的資本主義であることを強調する。競争的資本主義とは競争的な市場制度のことである。ここに競争的とは、交換相手が多数いて、かれらがかれら自身の交換相手を獲得しようとして競争している状況をいう。

例えば、日本にはパソコンを作っている国内メーカーは多数存在し、さらに、海外のパソコンメーカーも日本に輸出している。こうした、多数のパソコンメーカーが顧客を獲得しようとして競争しているからこそ、私たちはその中から価格と品質が最も自分の好みに合ったパソコンを選択することができる。

仮に、パソコンメーカーが一社しかなかったとしても、私たちにはパソコンを買わない自由がある。したがって、パソコンをその一社から購入する場合にも自発的交換であることに変わりはない。しかし、この場合には、私たちにはパソコンを買うか買わないかの選択の自由はあるが、独占的なパソコンメーカー以外からパソコンを買うという選択の自由はない。このように、選択の自由が狭められると、私たちが交換から得る利益は独占者にどんどん吸い取られてしまう。独占者は私たちがパソコンを買うか買わないかを決めるギリギリの価格まで価格を吊り上げることができるからである。その結果、消費者がパソコンを購入することから得られる利益はほんのわずかなものになってしまう。これでは、私たちにとって実質的に経済的自由があるとはいえない。経済的自由があるというためには、そのパソコンメーカーから買うのをやめて他のパソコンメーカーから買うという選択肢がなければならない。このような選択肢がある限り、パソコンメーカーは他社より価格を引き上げれば顧客に逃げられてしまうため、価格の引き上げを抑制するようになる。その結果、私たちはパソコンを買うことにより大きな利益を得るようになる。

景気の悪化も経済的自由を奪う。景気が悪くなって求人が減れば、就職の選択の自由は大きく狭められ、失業すれば働くこともできず、経済的自由は完全に奪われてしまう。三〇年代の世界恐慌で資本主義が危機に陥ったのも、資本主義が人々に雇用を保障できなくなり、多くの人が経済的自由を失ったからである。この意味で、政府がマクロ経済を安定化させることは、経済的自由を保障するための必要条件である。マクロ経済の安定化政策については、第九章の3節を参照されたい。

†交換ルールの設定者としての政府

自由主義は競争的な市場における個人の自発的交換による協力を重視する。しかし、競争的市場における自発的交換は全くの自由放任主義的な市場では達成されない。例えば、取引相手が嘘をついたときの取引は自発的とはいえない。そこで、自発的な交換のルールを定めなければならない。この交換ルールは交換当事者がその都度決めることも可能である。実際に交換ごとに交わされたルールが積み重ねられて、商慣行が形成されてきた。しかし、交換のたびごとにルールを設定したり、商慣行にだけ頼って交換するよりも、ルールを成文化し、そのルールをどの交換に対しても適応するようにした方が、交換費用を引き下げることができ、交換も活性化する。こうした一般的な交換ルールを決めることが政府の第一の役割である。

具体的には、ルールは民主的手続きによって選ばれた人々からなる議会によって決定されなければならない。ルールは民主主義制度の下において初めて、人々は政府の構成員を変えるという政治的自由を持つことができるからである。この自由は、私たちがあるパソコンメーカーが気に食わなければ、他のパソコンメーカーからパソコンを買うという選択の自由と同じ自由である。共産党一党独裁の共産主義社会では、この政治的な自由は保障されない。

政府を選択する自由という観点からは、政府は中央集権的であるよりも地方分権的であるほうが望ましい。地方分権的であれば、私たちはある地方政府が気に食わなければ、他の地域に居住地を移動することができる。これを住民の「足による投票」という。実際に、他の地方政府の土地に居住地を移す人がほとんどいなくても、移る可能性があるというだけで、地方政府の権力の乱用に歯止めをかけることができる。

地方分権的であれば、各地方政府は人々や企業を引き付けようとして競争する。これによって、安価で質の良い政府サービスが供給される可能性が高まる。つまり、自由主義者にとって、政府についても市場と同様に、キーワードは競争である。この考え方に基づく地方財政改革については、第八章2節で説明する。

†ルールを遵守させる政府の機能

しかし、政府が一般的な交換ルールを法で定めても、実際に法が守られなければ意味がない。競争的市場には、人々が法を守って行動するようにさせるインセンティブ・メカニズム（誘因メカニズム）が存在する。例えば、欠陥だらけの自動車を販売するような自動車メーカーは、長い目で見れば顧客離れによって淘汰されるであろう。しかし、それが淘汰される過程では、多くの人が欠陥車の購入から不利益を被る。こうした不利益をできるだけ小さくするためには、法を守らなかったものには市場の力以外の方法でペナルティを科すシステムが必要になる。警察・検察・司法制度がそれである。こうした人々に法を遵守させ、遵守しなかったものに対してはペナルティを科すという仕事が、政府の第二の役割である。

以上のように、取引交換ルールを設定し、そのルールの違反者から各個人を守ることが政府の大きな役割である。この意味で、自由主義者にとっての政府とは、個人の自発的交換取引を保障する手段に過ぎない。これはケネディ演説に見られる「個人を国家への奉仕者と見なす考え方」とはまったく対立する国家観である。

†競争維持者としての政府

自発的交換を実質的に保障するシステムは競争的市場である。しかし、技術的性格から独占的あるいはそれに近い状態になってしまう産業がある。鉄道、電信電話、電力、郵便などがその例である。

例えば、ある二つの地域を結ぶ鉄道を考えてみよう。鉄道サービスを供給するためには、運行回数にかかわらず、一定の軌道設備、信号、駅舎などが必要である。これらの設備の設置と維持には費用がかかる。この費用は、鉄道運行回数にかかわらず必要になる費用という意味で固定費用と呼ばれる。鉄道サービスの場合には、この固定費用が総費用のうちの極めて大きな部分を占める。そのため、運行回数が多くなればなるほど、運行一回あたりの費用は低下する。もしも、同じような地域間を二つの鉄道会社が鉄道を走らせようとすれば、お互いに顧客を奪い合うため、一運行あたりの運賃収入が減って、固定費用をまかなえなくなってしまうであろう。これでは、二つの会社は倒産するか、どちらか一社が勝ち残るまで競争が続けられることになる。この場合、まったく鉄道サービスは供給されないか、一社が独占になるかのどちらかである。

そこで、この場合には、鉄道を国営化して国家独占とするか、私的独占を認めるかのいずれかしかない。私的独占を認めるとすれば、消費者の利益を守るためには、その一社に供給義務を課すとともに、料金を不当に上げないように規制する必要がある。

企業はカルテルや談合によって、独占的利益を得ようとすることもある。したがって、市場を競争的に維持するためには、政府はこうした独占的な行為に対して制裁を加える措置を取る必要がある。日本では、公正取引委員会がこれを担当している。

†公共財の供給者としての政府

政府は警察・検察・司法制度などによって、犯罪やルール違反から個人の権利を守らなければならない。警察や司法制度はそれが存在するだけで、一定のルール違反抑止効果を持っている。そのため、私たちは、直接犯罪に巻き込まれたり、訴訟を起こしたりしなくても、警察や司法制度の存在そのものから利益を受けている。このことを、経済学では、国民は警察・司法サービスを同時に消費しているという。

警察・司法サービスには、ある人がそのサービスを消費しても他の人の消費を妨げないという性質がある。これを、お互いの人の消費が競合しないという意味で、消費の非競合性という。このような消費の非競合性という性質を持つ財・サービスを、経済学では公共財と呼んでいる。ある人がある財を消費しても他の人が同時に消費することを何ら妨げないのであれば、有料で供給するよりも、無料で供給して誰もが利用できるようにした方が社会全体の利益は高まる。しかし、無料であれば民間は供給することができない。そこで、公共財は政府が供給することになる。すなわち、公共財の供給は政府の役割である。

†公共財概念の拡大解釈の危険

ところが、この公共財の概念はしばしば拡大解釈されて、公共財の名の下にさまざまなモノが政府によって無料ないし低料金で供給されるようになりがちである。

例えば、公園を考えてみよう。公園は一般に公共財と考えられて、政府が供給することが多い。確かに、いったん公園が造られれば、ある人が公園のサービスを消費しても他の人の消費を妨げない可能性は大きい。そうであれば、入園料を無料にして、すべての人に開放することが望ましい。しかし、公園を造るためには費用がかかる。さらに、誰も利用していなくても、公園サービスを一定水準に維持するためには維持費用がかかる。これらは公園サービスの利用にかかわらずかかる費用という意味で固定費用である。この固定費用は何らかの方法によって調達しなければならない。

その場合、次の二つの問題が生ずる。第一は、人々が公園を利用することによって得られる利益が公園の固定費用を上回っていなければ、そもそも公園を造ることは社会全体の利益にはならないという問題である。しかし、人々から公園の利用料金を取らないとすると、どうやって人々が公園から得る利益を知ることができるであろうか。公園の利用者から料金を取れば、利用者はその料金に見合った利益を得ていることが分かるが、料金を取らなければどれだけの利益があるかを知ることはむずかしい。

第二は、次のような公共財の「ただ乗り」問題である。公園の利用料金を取らないとすれば、公園の固定費用は税金によって調達するしかない。そうなると、公園が建設されても税負担が増えない人ほど、大きな公園計画を支持する可能性がある。例えば、ある地域の公園を建設する資金が、他の地域で徴収された税金でほとんどまかなわれるのであれば、固定費用を負担しない地域の住民は、大きな公園計画を提案する政府を支持するようになるであろう。

こうして日本では、公共財の名のもとに公民館、児童館、公園、遊園地などが次々と供給されてきた。この日本の公共事業費に関わる問題については第八章で取り上げることにして、ここでは、公共財概念の拡大解釈は大きな政府を作り出す大きな要因の一つである点を指摘しておこう。

†外部効果が存在する場合の政府の役割

フリードマンが政府の役割として挙げるものの一つに、近隣効果の存在がある。これは、現代の経済学では外部効果と呼ばれる効果である。外部効果とは、交換の当事者以外の者が当該の交換から利益を得たり、不利益を被ったりすることをいう。とくに、不利益を被るケースが問題である。

自発的交換が交換当事者だけでなく、社会的な利益にもなるためには、交換の当事者以外の者が当該の交換から不利益を受けないという前提条件が必要である。交換の当事者以外の者が当該の交換から不利益を受ける典型的な例は、環境汚染である。例えば、六〇年代後半には、製紙会社が海に排水を流し、海がヘドロと化したことがあった。これによって、漁獲高が大きく減少し、漁民が大きな被害を受けた。製紙会社の取引相手は紙を購入する企業や消費者である。しかし、この両者の取引においては、漁民が被る損害は考慮されていない。社会的な利益を最大にするためには、漁民が被る被害が考慮されなければならない。

自由な市場では、漁民が被る損害は考慮されないため、企業はヘドロを海に流しながら紙を過大に生産することになる。これを市場の失敗という。この市場の失敗を是正するには、政府は汚染者に環境税を課したり、環境を改善する企業に補助金を支給するといった手段によって汚染物質を削減しなければならない。

この場合、政府は人々に人気のない環境税よりも、補助金政策を採用しがちである。しかし、補助金を支給するためには、他方で増税しなければならないが、その増税は他の問題を引き起こす。例えば、所得税が増税されると、勤労意欲が低下したり貯蓄が減少したりして、社会的な不利益が生ずる可能性がある。そうした社会的不利益をともなった増税は、大きな政府の要因になる。

†情報の非対称性にかかわる政府の役割

自発的交換が交換取引の当事者の利益になるためには、取引に偽りがあってはならない。これを防ぐためには、取引を偽ったものに対して、ペナルティを科す必要がある。そのための制度である警察・検察・司法制度についてはすでに述べた。しかし、政府はそれ以外の方法によってもこの問題を解決ないし緩和しようとする。

私たちが偽った取引から不利益を受けるのは、交換相手に関する情報を知らないためである。このように、取引相手の情報を知らないという状況を、取引相手と同じように情報を持っていないという意味で、情報の非対称性という。情報の非対称性とはいかにもむずかしそうな言葉であるが、要するに、私たちは自分のことはよく分かっているが、相手のことはよく分かっていないということである。取引相手のことがよく分かっていない場合には、悪質なものをつかまされるリスクがある。

情報の非対称性の典型的な例として、医療サービスを取り上げよう。患者は医者の治療が自分の病気にとって適正なものであるかどうかを判断することはほとんどできない。そこで、不適切な医療行為から患者を守るために、医師の資格免許制度が導入される。この制度により医師の国家試験に合格しない限り、なん人も医療サービスを供給することはできない。

情報の非対称性から取引当事者が不利益を受けることを防止する政策としては、資格制度以外に、登録制と認定制度がある。登録制は、ある事業に携わるためには、政府に登録する必要があるという制度である。例えば、以前は、証券業は免許制であったが、現在では登録制に変わっている。これによって登録さえすれば証券業に携わることが可能である。

この登録制の意義は、登録者が不正を働いた場合に、政府がその責任を追及しやすいという点にある。登録制は情報の非対称性問題に対する比較的緩やかな規制である。

もう一つの認定制とは、JIS規制のように、一定水準の品質に達しているかどうかを政府が認定する制度である。消費者はこのような認定を受けた製品であれば、安心して使用できるというわけである。認定制の場合には、認定を受けたモノでなければ販売できない場合と、認定を受けていなくても販売できる場合とがある。消費者は認定を受けていないモノは認定を受けたモノよりも信頼性が低いと考えて、それを購入する場合には、認定製品よりも安くなければ買おうとしないであろう。このように価格差がつけば、消費者の中には、不利益を被るリスクをおかしても、認定を受けていないモノを購入しようとする人が現れるであろう。

それに対して、認定を受けたモノでなければ販売できないというより強い規制がある。例えば、建物の場合には、政府か政府によって認定された検査機関から建築確認を受けなければ、建築物を販売することはできない。この建築確認は建築物が一定の基準を満たしていることを認定するものである。このように認定を受けたモノでなければ販売できないのは、外部効果があると考えられているためである。例えば、建物が一定の耐震基準を満たしていなければ、地震で倒壊した場合には、その倒壊により近隣住民も損害を被る可能性がある。

ところが、〇五年末の姉歯元建築士による耐震偽装事件（マンションなどの耐震性が建築基準法の定める耐震基準の二、三割しか満たしていないことが発覚した事件）では、建築確認制度がまったく機能していなかったことが判明し、世間を驚かせた。建築確認はもともと自治体の仕事であったが、人手不足のため、確認に時間がかかりすぎるという問題があった。そこで、九八年度から、政府から許可を得た民間機関も確認検査業務ができるようになった。耐震偽装事件では、民間の指定確認検査機関が姉歯元建築士の耐震偽装をまったく見抜けなかったために、民間への確認検査を開放した九八年度の規制緩和が問題になった。しかし、地方自治体の建築主事もまた見抜けなかったのだから、問題の本質は規制緩和にあるわけではない。根本的な問題は以下で述べる保険制度の不備にある。

情報の非対称性問題に対する最も強い規制は、医師について述べた免許制度である。主要な資格制度としては、税理士、公認会計士、弁護士などがある。高校以下の教員も国が認定した資格を持っていなければならない。

しかし、情報の非対称性も公共財と同じように、政府の役割を増やす口実に使われることが少なくないという点に注意が必要である。

ここで留意すべきは、競争的な市場には情報の非対称性問題を解決ないし大幅に緩和する機能があるという点である。供給者間の競争が十分であれば、供給者は情報を偽ったり、隠したりして消費者を騙せば、信用や評判を失って倒産などの淘汰のリスクを抱えることになる。企業の信用・評判は一朝一夕には築くことができず、長期にわたって、良い製品やサービスを供給し続けることによって、初めて獲得することができる。この意味で、信用は企業にとって最も重要な資本である。

しかし、このことは逆に、短期的な利益を狙って、消費者を騙して利益を上げた後にさっさと逃げてしまうという供給者が存在しうることを示唆している。したがって、消費者もそのことを知って、政府の安全規制や検査・監視に頼るだけでなく、市場で信頼を獲得した企業から購入することを優先すべきであろう。消費者が政府の安全規制に頼りすぎれば、消費における選択の自由が狭められてしまう。また政府の検査・監視に頼りすぎれば、巨大な官僚機構（大きな政府）を維持するために高い税金を負担しなければならない。

さらに、詐欺商法をする業者がいるからといって、何でもかんでも免許制にすれば、革新的な企業は育たず、既存の企業だけを利する結果になりかねない。いわゆる、角を矯めて牛を殺すことになる。

損害賠償制度にも損害の発生を抑制する機能がある。例えば、住宅品質確保法によって、建築主は販売した住宅に対して一〇年間瑕疵担保責任を負うことになっている。瑕疵担保責任とは、住宅が傾くなど構造的に重大な欠陥が判明した場合には、建築主は一〇年間は無償で補修工事をしたり、損害を賠償する義務を負うという制度である。

この制度の下では、建築主は損害賠償せずに済むように、瑕疵のない建物を販売しようと努力するようになることが期待される。しかし、建築主にそのような損害賠償能力がなかったり、一〇年以内に倒産してしまったりすれば、瑕疵担保責任があってもまったく意味がない。したがって、建築主が損害を賠償することができなくなった場合には、保険会社が代わって賠償するという保険と結びついていなければ、瑕疵担保責任は有効に機能しない。保険会社が賠償するとなれば、保険会社自体が指定確認検査機関となって、耐震偽装などを見抜く努力をするようになるであろう。なぜならば、見抜けなかったときに巨額な損失を被るのは、保険会社だからである。

実際に、財団法人住宅保証機構は同機構に登録した建築業者が万が一瑕疵担保責任期間中に倒産した場合は、修補費用の約九五%をカバーする保険を提供している。この事業を遂行するために、同機構は専門の検査員が数回(共同住宅の場合は、三回以上)現場に足を運んで検査する体制をとっている。

以上から分かるように、二〇〇五年に発生した耐震偽装事件の根本的問題は、建築主が保険に入っていなかったことにある。

†供給者の利益を守る規制

登録制・認定制・免許制は、情報の非対称性がある場合の政府による対策である。これらの規制は多くの場合、消費者の生命や財産の安全を確保するための規制であり、経済的規制と区別して社会的規制と呼ばれることがある。

自由主義者たちは、実際に採用されている規制は、消費者の生命・財産の安全を確保する目的であるとうたわれているが、実際には、ほとんど供給者の利益を守るための規制であると批判する。これらの規制は供給者の数を制限する機能を持っている。供給が需要に比べて少なくなれば、価格は上昇する。この価格上昇によって、供給者の利益は増大する。そこで供給者たちは参入を自由にしておくと消費者の生命・財産の安全性が脅かされるという口実を設けて、供給者の資格を厳しくし、その数を制限しようと政府に働きかけるようになる。

一方、消費者は、供給されるモノやサービスの質について知識をほとんど持っていない場合には、政府に供給者の質を判定してもらうことを求めるようになる。政府が供給者の要望を受け入れて、資格等の参入規制を厳しくしすぎると、モノやサービスの価格は上昇するが、それから消費者一人一人が受ける不利益はそれほど大きくはない。というのは、不利益は多くの消費者に薄く広く分散するからである。ところが、価格上昇による利益は数少ない供給者に集中するから、供給者にとっては、厳しすぎる参入規制による利益の増加はきわめて大きい。そのため、かれらの参入規制を求める政治的な運動は極めて強大になる。

このようにして、実際の規制は消費者の利益ではなく、供給者のためのものになってしまう。一般に供給者が価格競争や品質競争に打ち勝って利益を上げようとする行動をプロフィット・シーキングという。それに対して、すでに述べたように、政府に免許制のような参入規制の創設を働きかけて利益を得ようとする活動はレント・シーキングである。

供給者はレント・シーキングに専念する組織をお互いに資金を出し合って創設することが多い。会社員の中にはこの組織に属してもっぱらレント・シーキングに従事し、自分が就職した企業の本業にはまったく携わらずに一生を終える者さえ存在する。こうした組織に属さなくても、企業の総務部に属する人など中にはもっぱらレント・シーキングを専業にする人もいる。

日本でも、規制改革が進む以前は、こうした人々が企業の中でもっとも出世した。典型的にはMOF担と呼ばれた人々で、旧大蔵省（英語名のイニシャルを取ってMOF）に働きかけてさまざまな金融や証券の規制を大蔵官僚とともに作り上げたのである。

†官民癒着の構造

官僚は建前では、国家の利益あるいは国民全体のために奉仕していると言われる。確かに、公務員試験を受けて官僚になろうとするときには、そのような大志を抱いていたであろう。しかし、かれらも人の子。参入規制を求める供給者による接待などを受けているうちに判断が鈍くなり、国民の利益のためだと称する供給者の意見を鵜呑みにするようになってしまう。

さらに、多くの官僚は定年前に民間企業などに天下るのが普通である。そのため、いつの間にか天下りポストと引き換えに供給者の要望を受け入れるような体質になってしまう。

しかし、天下りポストは民間部門だけでは不足する。そこで、天下りポストを作るために次々に新しい組織を作ることが官僚の大きな仕事になる。政府系金融機関や道路公団などをはじめとするさまざまな公社・公団、さらに公益法人などが雨後のたけのこのように創設されてきたのは、官僚が天下りポストを確保しようとしたためである。実際に、天下りのための組織を新たに作り上げた官僚ほど出世することになっている。

官僚は、無くてもいいようなさまざまな検査制度を作り出し、資格認定や検査のための機関を公益法人として創設し、そこに天下りポストを確保することが多い。橋本龍太郎内閣以降、規制改革と称して官庁組織の一部が独立行政法人に改組されたが、それらもまた官僚の天下りポストを確保する組織になっている。実際に、独立行政法人はその独立法人を作った官庁の支配下にある。

このように、消費者の生命・財産の安全性を図るという名目で、次々に政府関係組織が作られ、大きな政府が形成されてきたのである。

第五章では、この章で説明した「新自由主義」の立場に立って、大きな政府のもとで既得権益を享受していた勢力と果敢に戦った、イギリスの宰相サッチャーの改革物語を話そう。しかし、その前に、新自由主義の平等思想を説明しておく必要がある。

第四章　結果の平等か機会の平等か

第三章では、自由主義者（今日の用語では新自由主義者）の政治・経済思想を自発的交換の観点から説明した。この考え方からは、政府の仕事は市場における交換のルールを定め、市場をできるだけ競争的に保ち、市場の失敗を是正することに限定される。しかし、市場が失敗するケースでも、直ちに政府の介入が正当化されるわけではない。と言うのは、市場の失敗を是正しようとする政府の介入が失敗する可能性も小さくないからである。したがって、市場の失敗よりも政府の失敗の方が無駄を発生させる可能性が大きい場合には、政府は市場に介入しない方が望ましい。このように、自由主義者は政府の役割を限定し、できるだけ個人が政府から自由であることが望ましいと考えるから、「小さな政府」を目指すことになる。

それでは、自由主義者は平等についてはどのように考えるのであろうか。この章では、フリードマン夫妻著『選択の自由』に依拠しながら、自由主義者が重要と考える「機会の平等」と福祉国家が目指している「結果の平等」との違いがどの点にあるかを検討し、第五章以下で扱う世界的な「小さな政府」への潮流の基礎にある考え方を明らかにしよう。

1 機会の平等と自由

†自由と平等

アメリカの独立宣言は、「すべての人間は平等に創られ、創造主によって、生存、自由、そして幸福の追求を含む不可侵の権利を与えられている」と謳っている。これは、人は「神の前において平等である」という宣言である。具体的にいえば、すべての人は、自分自身の目的を追求する権利を持っており、したがって、他人の目的を促進するための道具としては使われないという権利を持っているということである。この意味での平等は、自由をその一部として含んでいる。すなわち、平等であれば、自由であり、自由と平等とは対立しない。

それでは、右の意味での平等が重要であるのはなぜだろうか。それは、人は誰一人として同じではないからである。人はそれぞれ価値観も、好みも、能力も異なっている。そこで人は他人の価値観や好みを押し付けられることなく、自分の価値観と好みに合った人生を送りたいと思う。この意味で、人は自分自身の人生を選択する自由を持つ一方、他人がそうする自由も尊重しなければならない。

アメリカ独立宣言の起草者であるトーマス・ジェファーソン（一七四三〜一八二六年）と同世代の人々は、すべての人は自分自身に対する支配者でなければならないと信じていた。こうしたすべての人の権利を他の市民や外国からの脅威から保護するために、政府が設立されたのである。しかし、政府が人々のこの権利に対して破壊的になる場合には、人々はその政府を廃止し、この権利を追求できるような新たな政府を設立する権利を持つという点こそが、独立宣言の起草者たちが考えた最も重要な問題であった。

†機会の平等と教育

「神の前における平等」や「法の下における平等」の概念は、その後「機会の平等」という言葉で置き換えられるようになった。

それでは、「機会の平等」とは何であろうか。すべての人が同じ機会を持つという平等はあり得ない。人は生まれながらにして、遺伝的に異なった能力を持っている。一流の音楽家やスポーツ選手と全く同じように努力しても、すべての人が一流の音楽家や一流のスポーツ選手になれるわけではない。一流になれるかどうかを決める最大の要因は遺伝子であろう。

しかし、すべての人が全く同じ機会を持つことはあり得ないとしても、人々に開かれている機会が、皮膚の色や性別や身分などによって決定されることがあってはならない。これが機会の平等の考え方である。

このような機会の平等の立場から最も重視されるのは、教育である。低所得者の子供が初等・中等教育を受けることは、費用負担の面から見て極めて困難である。この場合の費用には単に授業料という支出を伴う負担だけでなく、子供が教育を受けることなく働きに出たならば得られたであろう所得を失うという負担が含まれる。この後者の負担が教育を受ける時の最も大きい負担である。

貧しい家庭に生まれた子供は教育を受けることができない。教育を受けられなければ、低賃金の未熟練労働に就くしかなく、低賃金世帯の子も教育を受けられずに貧しくなる。このようにして、貧しい家庭は世代が代わってもいつまでも貧しさから抜け出すことができない。

しかし、貧しい家庭に生まれた子供も、教育を受ける機会があれば、その持って生まれた能力を開花させるチャンスが与えられる。そうしたチャンスが与えられることこそ、人々に与えられた生存と自由と幸福を追求する権利に他ならない。この意味で、機会の平等は自由の本質的部分を含んでおり、自由と対立するものではない。

†教育切符制度

ところが、アメリカでも日本でも、機会の平等を推進するはずだった教育制度は大きな問題を抱えている。日本では、いつまでたっても学校でのいじめがなくならず、いじめを原因とする不登校も増大している。大都市の公立学校は荒れており、教育の質が低下しているため、余裕のある家庭は子供を私立学校に入れている。そのための受験競争は幼稚園段階から始まっており、特に私立中学受験は熾烈を極めている。

子供を私立の小・中学校にやれる家庭は、教育における選択の自由を持つものの、かれらは私立校の費用を負担するとともに、公立校を維持するための税金も負担しており、二重の負担になっている。

公立の小・中学校の質が低下している一因は、消費者の選択が狭められているため、教育サービスの生産者の間に競争原理が働かないことにある。この考え方にたって、フリードマンは教育切符制度を提案している。これは、初等・中等教育年齢層の子供に、政府が授業料等をまかなうための一定額の教育切符を配布する制度である。この教育切符は公立校でも私立校でも使うことができる。親と子供は自分達にとって最も望ましいと思う教育サービスを供給してくれる学校に入るために、この教育切符を使おうとするであろう。入学金と授業料はこの教育切符によって支払われるから、学校はこの教育切符を政府に渡して、それに相当する金額を受け取り、学校を経営することになる。

この制度のもとでは、いじめをいつまで経ってもなくせないような公立校には生徒が集まらなくなり、廃校の危機に立たされるであろう。逆に、いじめをなくし、質の良い教育を提供する学校にはたくさんの生徒が集まり、教育切符収入も大きくなる。

こうした消費者の選択が働くようになると、教育サービスの生産者側である学校にも競争原理が働くようになり、いじめが横行していた学校でも、いじめをなくす努力が真剣に払われるようになるであろう。

消費者の学校選択の自由を拡大するためには、中央集権的な文部科学省による学校設置基準や指導要綱も大幅に緩和する必要がある。教育切符が利用できる学校の基準を緩和すれば、さまざまな消費者のニーズに合った学校が設立されるであろう。その場合の認可基準は、教育の内容が安定した民主的社会における共通の価値体系を子供達が受け入れるようになるかどうかということであり、それ以上でも以下でもない。こうした改革によって、教育切符収入で、引きこもりの児童を専門に教育する機関の創設・運営も可能になる。

この制度によって最も大きな利益を受けるのは、所得が低いため子供を良い学校に入れることのできなかった家庭である。また、これまで子供を私立校に通わせていた家庭も、子供が通う私立校の費用負担と公立校を維持するための税金の負担という二重の負担から解放されるという利益を得る。

以上のように教育切符制度は、すべての子供に教育を受ける機会を平等に与えるという機能を果たす。それだけでなく、教育における消費者主権を確立することによって、教育の生産者側に教育の質を高めようとする誘因を与える。

教育切符制度を初等・中等教育に適応するのは、教育の機会の平等という点に加えて、初等・中等教育には外部効果があると考えられるからである。教育に外部効果が存在するのは、人々が最低限の読み書き能力と知識を持ち、ある共通の価値体系を広く受け入れるようにならなければ、安定した民主的な社会は存立できないからである。この意味で、子供の教育から得られる利益はその子供や親に帰属するだけでなく、その社会を構成する他の人々にも帰属するといえる。これが、教育には、教育を受ける本人だけでなくその他の人にも利益を与えるという外部効果が存在するという意味である。

それでは、高校教育はこの意味での外部効果があるであろうか。フリードマンはその著

『選択の自由』で高校教育にも外部効果があるとして、教育切符制度を高校教育にも適応すべきだと考えている。

†高等教育と教育切符制度

しかしフリードマンは、高校より上の専門学校や大学・大学院のような高等教育に関しては、外部効果は存在しないという。

確かに、高等教育を受ける人が増えれば、経済が成長し、それらの人とともに働く人の労働の生産性も高まるであろう。しかし、これらの効果は高等教育に対して政府が助成金を与えることを正当化するような外部効果ではない。これらは機械や工場のような物的資本に関しても同様に当てはまる。すなわち、ある会社が物的資本に投資すれば、それを利用する労働者の生産性も高まる。しかし、企業はそのように労働生産性が高まることによって利益を増やすことができるからこそ、財政的な援助がなくても物的資本に投資するのである。

これと同じように、高等教育を受ける人は人的資本に投資しているのであって、将来より高い所得を得られることを期待している。したがって、財政的な援助がなくても、高等教育を受けようとする誘因が存在する。

しかし、高等教育という人的資本への投資は物的資本への投資とは違った側面がある。物的資本への投資の場合には、企業は投資する物的資本そのモノを担保に資金を調達することができる。しかし、個人が教育を受けるための資金を借りるときには、投資の対象である自分自身を担保に提供することはできない。これが高等教育を受ける際に個人が資金を借り入れることを困難にする理由である。

そこで、フリードマンは高等教育に対しても教育切符制度を提案している。これは、高等教育のために毎年支出されている財政資金の総額を、毎年政府が助成したいと考える学生達の数で割って、その割った金額に等しい教育切符を学生に交付する制度である。教育切符を要求する学生の数が、学生が利用できる教育切符の数よりも多い場合には、試験や家庭の所得などの基準によって、限られた教育切符を学生達に配給することになる。

†卒業後の機会の不平等の問題

教育切符制度は機会の平等の観点からも、教育の質の向上の観点からも、魅力的な制度である。しかし、教育切符制度だけで機会の平等が達成できるわけではない。今日、緊急に解決を迫られている問題に、いつまでも熟練労働者になれないフリーターなどの未熟練労働や失業者の滞留という、一定の学校教育を受けた後の雇用問題がある。この雇用問題は、人々が卒業後に直面する機会の不平等と関連して起きており、格差を生む大きな要因になっている。この深刻な問題については、第九章の3節で取り上げることにしたい。

2 結果の平等がもたらすもの

†公平な所得分配に関わる二つの難問

資本主義諸国は三〇年代の大不況（日本では、昭和恐慌）とそれに続く世界戦争を経験し、戦後、福祉国家への動きが高まった。そうした動きの中で、競争的資本主義は所得分配の不平等をもたらすという考え方が広まり、戦後、各国の政府はさまざまな所得再分配政策を採用するようになった。

この考え方を支えた平等思想は「結果の平等」である。しかし、「結果の平等」といっても、「すべての人の所得がまったく同じであるべきだ」と考える人はごく少数であろう。そこで実際には、「結果の平等」を主張する人々は、「結果の平等」を「公平な所得分配」に置き換えて議論してきた。その際の建前は、競争的資本主義における所得分配の不公平を正して、公平な所得分配を達成するというものである。

ここで二つの難問が持ち上がる。第一は、何が公平な所得分配かである。第二は、何が公平な分配かが決まったとして、所得再分配政策によって市場で決まった不公平な分配を正そうとすると、生産性が低下し、国民所得が減り、成長率も低下する可能性があるという点である。成長率が低下すれば、国民はしだいに貧しくなり、貧しい人同士で所得を再分配することになってしまう。

実際に、カール・マルクスの予言とは正反対に、競争的資本主義国は「結果の平等」を推進しようとした社会主義国やその他の経済システムを採用する国よりも高い成長を達成し、そのもとで、貧困を大幅に減らすことに成功してきた。九〇年代前半に、多くの社会主義国が崩壊し、市場経済に移行したが、それは何よりも社会主義国が生活の豊かさという点で、市場経済を基本とする資本主義国に敗北したからである。

†何が公平な分配か

しかし、経済が成長し、ほとんど全ての人が飢餓水準から脱出し、貧困層の所得が増大しても、それだけではかれらは幸福ではない。それはかれらが自分たちは公平に扱われていないと感ずるからであろう。ここで、第一の問題である所得分配の公平の問題がかかわってくる。

それでは何が公平な所得分配であろうか。公平の観念は人さまざまである。著者の経験では、「自らが生産したモノに応じて受け取る」ことは公平であると考える人は少なくないようである。しかし、ことはそう簡単ではない。

ある人が生産したモノが多かったのは、その人がよく「努力」したからなのか、それとも、もともと「能力」があったからなのか、あるいは単に、「運」がよかったからなのか。これらのどれかによって、人々の公平感は違ってくるであろう。

多くの人は「努力」に対してはそれ相応の報酬で報いることは公平であると思うようである。

それでは、「能力」と「運」に基づく所得の差に対してはどうであろうか。フリードマンは大学教授の例を挙げて次のように言う。大学教授はかれの同僚が競馬で大穴を当てたとき、この同僚をうらやむであろうが、この同僚に悪意を抱いたり、自分が不当な処遇を受けたと感じたりすることはない。しかし、この同僚がごくわずか昇給して、自分よりも高い給与をもらうことになった場合には、この教授が感情を害する可能性はかなり高いであろう。つまり、真実は能力の差による所得格差であっても、人々はそれを認めたがらず、不公平だと感ずるというのである。

「運」についても、競馬で大穴を当てたり、宝くじに当たったりする場合と、ある人がその人を高く評価する人（上司など）に恵まれて、運良くどんどん出世する場合とでは、人々の公平感は違ってくるであろう。

このように、何が公平な所得分配かを倫理原則から導くことはきわめてむずかしい。同じことは、相続財産についても言える。ある人が多くの財産を相続して、仕事にも就かず豊かな生活を送ることを、不公平だと感ずる人は少なくないであろう。たとえば、一〇億円もの財産を相続した人は、他に自分が就ける職がなくても「3K（きつい、汚い、危険）」と呼ばれるようなつらい仕事には就こうとしないであろう。多くの人々がそれを不公平であると思うならば、相続財産に重い税金をかけることが、公平な所得分配を達成するために必要になる。

しかし、「能力」は後天的な「努力」によって形成されるよりも、生まれつきのものである部分の方が多いかもしれない。もしそうであれば、金融資産や土地などの財産に相続税をかけるだけでは、公平性は保たれないであろう。「能力」はよい遺伝子の相続の賜物であるから、公平性を保つには、遺伝子にも相続税をかけるべきであることになる。しかし、遺伝子に課税することはできない。

このように、ある人の所得の源泉を「努力」、「運」、親から相続した「遺伝的能力」などに分け、社会がある所得分配の公平性の基準から、それらに対して別々の扱いをしようとしても、そもそもそのように所得の源泉を分割すること自体が困難である。それをあえて分割すれば、別の不公平が発生するであろう。

†誰が公平性を決定するか

以上のように、所得分配の公平の問題を追求していくと、さまざまな問題にぶつかる。そして、それらの問題に対する人々の考えはさまざまである。そうであれば、さまざまな人々の公平に関する考えを、一つにまとめて、これが「公平である」と誰が決定するのであろうか。特定の誰かあるいはグループが所得分配の公平基準を決めなければならないであろう。そのうえで、自分たちが公平な所得分配と考えるよりも多くの所得を得ている人からは多くを取り上げ、より少ない分配を受けている人に与えていくことになる。そこでフリードマンは、「そのように決定し、その決定を他人に押し付ける人たちは、そのような決定の対象となった人々と平等だと言えるであろうか」(『選択の自由』邦訳三一七頁を修正して引用)と問いかける。

†誰が分配するための所得を作り出すか

ここで議論を進めるために、ともかく、公平な分配とは何かが決まったとしてみよう。

それでは、公平な分配を達成するための所得はどのようにして生まれるのであろうか。分配するための所得を生み出す方法は、モノやサービスを生み出す活動からしか生まれない。そこで二つの問題が持ち上がる。

第一は、ある人が他人への所得の分配を強制される場合に、その人はその所得そのものを生み出そうと努力する誘因を持つかという問題である。例えば、野球のイチロー選手や松井秀喜選手は大リーグで何十億円もの所得を稼いでいる。これは公平な所得であろうか。これを公平でないとして、例えばその八割を税金によって取ってしまったらどうなるであろうか。それでも、松井選手やイチロー選手は野球選手としての努力を続けるだろうと、著者は想像する。しかし、かれらがプロ野球選手になろうとする前に、稼ぎ出した所得の八割は税金で持っていかれることが分かっていたならばどうなっていたであろうか。果たしてかれらは激しい練習と厳しい節制に耐えて、一流のプロ野球選手を目指したであろうか。目指した可能性も否定できないが、目指さなかった可能性も小さくないと思われる。もしもかれらがプロ野球選手を目指さなかったならば、かれらが大リーグで活躍してプロ野球ファンを楽しませてくれることもなかったであろう。

あるいは、戦後の日本では、トヨタ、ホンダ、ソニー、キヤノンなど世界有数の企業が育った。それらの企業は次々にすばらしい製品を作り出し、利益を上げてきた。しかし、それらの企業には今日ほどの成功を収めることができないリスクも存在した。それらの企業が成功した時に、その成功報酬のほとんどが税金によって取られてしまうならば、そのような企業が資金調達のために発行する株式を購入しようとする投資家がいたであろうか。あるいは、それらの企業で働く人々の給与の大半が税金で持っていかれてしまうならば、かれらは消費者のニーズに合った新しい製品を作り出すために日夜努力したであろうか。

第二の問題は、自らは働いたり、リスクをとらなかったりしても、公平な分け前を得られるとすれば、苦労して働いたり、リスクをとったりする人がいるだろうかという問題である。失業した時に雇用保険があれば、確かに安心である。しかし、働かなくても、雇用保険で一定の所得がいつまでも保障されるとしたら、雇用保険をもらっている人は働く意欲を持つであろうか。病気で仕事を休まなければならなかった時に、休業手当が支給されれば確かに安心である。しかし、第六章で見るように、スウェーデンでは、この休業手当が寛大過ぎるため、病気と称して長期休暇をとる人が後を絶たない。これによって、社会の生産物は減ってしまう。

失業しても、病気になっても、年をとっても、政府が一定の所得を公平の観点から保障してくれるというセーフティー・ネット（安全網）があることは、安心というかけがえのない価値を手に入れることができるということである。しかし、それも行き過ぎれば、人々の労働意欲が減退し、一生懸命働いて、失業したり、病気になったり、年をとったりしたときに備えて貯蓄しようとする意欲も無くなってしまう。貯蓄が減れば、投資のための資金が不足して、生産性と成長率の低下が起きる。そうなれば、公平な分配を達成するための資金源である所得そのものが減ってしまう。

このように、「結果の平等」を目指して、公平な所得分配の観点から、手厚い「セーフティー・ネット」を張れば張るほど、公平な分配を達成するために必要な生産物そのものが減ってしまうというジレンマに陥る。

一般に、与えられたさまざまな資源から生産されるモノが大きければ効率的であり、小さければ非効率であるという。そこで、政府が市場で決まった人々の間の所得分配を公平の観点から再分配しようとすると、効率性が低下することは避けられない。これを、効率性と公平性を両立させることはできないという意味で、効率性と公平性との間にはトレードオフが存在するという。

†効率性から見たさまざまな所得分配政策の評価

ところで、所得を再分配する政策にはさまざまなものがある。そこで、そうしたさまざまな所得再分配政策を効率性の観点から評価しておこう。効率性とは、外部性がないという条件のもとで、人々の満足が大きいほど、生産物が大きいほど、あるいは生産性が高いほど、効率的であるという概念である。

所得再分配政策を効率性から判断すると、同じ所得分配の状態をもたらすのであれば、できるだけ、人々の満足や生産物が大きく、生産性も高い所得再分配政策が望ましい。それでは、どのような所得再分配政策であれば、効率性の低下を小さなものに止めることができるであろうか。

所得再分配政策は次の三つに分類することができる。①貨幣による所得再分配政策、②財・サービスによる所得再分配政策、及び③政府が自由市場に介入することによる所得再分配政策である。

貨幣による所得再分配政策とは、ある人から税金や保険料を取って、他の人に貨幣を与える政策である。税金と生活保護費の組み合わせや日本をはじめ多くの国が採用している公的年金制度がその例である。以下では、これらを貨幣的所得再分配政策と呼ぼう。

貨幣的所得再分配政策には、分配を受けた人が分配された貨幣を自由に使える場合と、政府が使途を限定する場合とがある。教育切符制度は、使途が教育サービスの購入に限定された貨幣による所得分配政策といえる。しかし、使途が限定される場合は、本質的に、財・サービスによる所得再分配政策と同じであるので、ここでは、貨幣的所得再分配政策とは使途を限定しない再分配政策であると考える。

貨幣的所得再分配政策によって、貨幣の分配を受けた人はその貨幣を自分の満足ができるだけ大きくなるようなモノやサービスの支出に使おうとするであろう。分配を受けた人にとっては、分配によって得られる満足が大きい所得再分配政策ほど望ましい。ところが実際には、貨幣的所得再分配政策よりも、右に上げた②や③の所得再分配政策が採られることが少なくない。

財・サービスによる所得再分配の典型的例は、公営住宅である。公営住宅は所得や家族構成などを基準として、入居資格が決められ、市場の家賃よりも低い家賃で自治体によって供給される。多くの場合、公営住宅の応募は供給量を上回るため、抽選によって割り当てられる。その場合、必ずしも最も所得の低い人から順番に公営住宅に入居できるとは限らない。さらに、入居時点では公営住宅の入居基準を満たしていた人でも、その後所得が増えて入居基準を満たさなくなることがある。しかし実際には、そのような人に強制的に退去を求めることも、市場並みの家賃を求めることもない。

一般に、分配された財・サービスは、分配された人の満足を最大にする財・サービスの量とは一致しない。例えば、民間で借りれば一月当たり一二万円の家賃の住宅を、公営住宅であればその三分の一の四万円で入居できるとしよう。これは、月々八万円補助金を得ているのと同じである。年間にすれば九六万円である。この場合、公営住宅に入居できた人の中で、同じ九六万円の援助を受けるのであれば、お金でもらって子供の教育費に使う方がより大きな満足が得られる家庭もあるであろう。

このように、分配を受ける人にとっては貨幣による分配のほうが財・サービスによる分配よりも望ましいにもかかわらず、実際には、財・サービスによる分配が採用されることが少なくない。公民館やコンサート・ホールや宿泊施設などが自治体によって費用以下で供給されているが、これらも財・サービスによる所得再分配の例である。これらは民間の娯楽施設や宿泊施設の営業を圧迫している。

こうした財・サービスによる所得再分配政策が取られる理由の一つは、自治体がそれらの財・サービスの消費を消費者たちの主権に任せた場合よりもより多く消費することが望ましいと考えていることである。

もう一つの理由としては、政府がさまざまな施設を供給することによって、公務員の天下り先などの雇用を確保することが挙げられる。

実際に採用されている所得再分配のもう一つの手段は、生産者の保護による所得再分配で、③に分類される。その代表は、生産者を自由貿易競争から守る輸入制限や関税あるいは補助金である。輸入制限や関税は国内生産物の価格を自由貿易よりも高く維持することによって、国内生産者を保護する政策である。このケースでは、消費者は自由貿易の場合よりも高い価格を国内生産者に払うことを通じて、所得を消費者から生産者へ分配していることになる。しかし、このような貿易保護政策を取ると、国内生産者は保護に甘んじて生産性を引き上げる努力をしなくなり、消費者は海外製品よりもはるかに高い価格で国内生産物を買い続けなければならないという大きな不利益を被る。

日本では、農業と建設業の生産性が著しく海外に比べて低いが、それは農業の場合には、輸入制限や関税や補助金によって海外との競争から保護されているためであり、建設業の場合には、公共事業が生産性の低い零細・中小企業に優先的に割り当てられてきたからである。公共事業の場合には、この割り当ては談合と相まって納税者に多大な負担を強いてきた。

もう一つの生産者保護による所得再分配は、中小企業対策である。戦後の日本では、中小企業は大企業の下請けでいじめられているかわいそうな存在と考えられてきた。そのため、公共事業を中小企業に優先的に割り当てるという官公需法がある。この法律により、公共事業は中小企業でも事業が可能になるように、小さく分割されて発注される。例えば、道路事業では、工事の道路距離が細かく分割されて、多くの中小企業が受注できるようにしている。このため、生産性の高い一社が工事すればはるかに費用が安くてすむのに、数社が少しずつ分け合って工事するため費用が著しく増大してしまう。

中小企業については、中小企業は日本の産業の基盤であるから、政府は中小企業を援助しなければならないという考え方もある。しかし、本当に中小企業が日本の産業の基盤であるならば、政府の援助がなくても日本の産業の基盤を形成するようになるであろう。これに対しては、中小企業は将来有望な企業であっても、充分な担保を持っていないため民間金融機関からお金を借りられないという主張がある。これが政府系金融機関による中小企業金融の理論的根拠である。しかし、政府はどうやって無数の中小企業の中からある特定の企業を将来有望な企業であると判定することができるのであろうか。政府がそのように判定できるのであれば、民間もできるのでないだろうか。政府の方がよくわかっており、民間はよく分からないというのであれば、政府がその根拠となる情報を民間に公開すればよいであろう。

中小企業が民間から政府よりも高い金利で借りる場合には、それだけ生産性を高めなければ返済できない。しかし、政府から安い金利で借りることができれば、民間から借りた場合よりも生産性を高める必要はないから、生産性を引き上げるような努力を怠りがちになる。生産性が上がらなければ、中小企業は日本産業の基盤にはなりえない。

以上の効率性から見たさまざまな所得再分配政策の評価から、所得を再分配するのであれば、使途を限定しない貨幣による再分配がもっとも望ましいという結論が得られる。そこで次に、フリードマンが提案している、使途を限定しない貨幣による所得再分配政策の一種である「負の所得税」を説明しておこう。

†負の所得税の提案

自由主義者は何らかの公平の基準から所得を再分配する政策は自由と対立し、効率性を阻害するとして、基本的に反対である。しかしそうはいっても、フリードマンはあらゆる所得再分配政策に反対しているわけではない。すでに述べた、教育切符制度は機会の平等の観点からの政策であるが、所得を再分配するという機能も持っている。フリードマンが提案するもう一つの所得再分配政策は、負の所得税と呼ばれるものである。

フリードマンは、「結果の平等」を達成するために、何らかの公平基準を決めて、所得を再分配する政策は、ことごとく人々の勤労意欲や貯蓄意欲を阻害して、国民所得を減らす要因になっており、官僚機構を肥大化させる要因でもあると批判して、これらをすべて廃止し、負の所得税で置き換えるべきであると提案している。それは次のような制度である。

現行の所得税制は所得からある一定額を控除して、所得がその控除額を超えれば、その超えた分に定められた税率をかけて税金を払うという制度である。それに対して、負の所得税とは、実際の所得がこの控除額よりも小さかった場合には、控除額と実際の所得との差にあらかじめ決められた助成金交付率をかけた金額を受け取るという制度である。数値例で示すと次のようになる。

いま、独身者の課税最低限を一二〇万円であるとしよう。そこで、負の所得税制における控除額をこの一二〇万円に設定し、実際の所得がこの控除額を下回る場合には、その下回った金額の五〇%を助成金として支払うとしよう。例えば、実際の所得が五〇万円であれば、控除額との差額である七〇万円に助成金交付率五〇%をかけた三五万円が、政府からこの人に支払われたことになる。この三五万円の助成金が負の所得税である。この人の可処分所得は自分で稼いだ五〇万円とこの三五万円の合計八五万円になる。所得がゼロの場合には、控除額の半分の六〇万円が負の所得税として支払われる。これが政府によって、独身者に対して保障される最低の可処分所得になる。

負の所得税制度も人々の勤労意欲を阻害する効果を持つ。しかし、その程度は、現行の日本の生活保護制度のように、働いて所得を受けるとその所得分だけ生活保護費が引き下げられるという制度よりも、勤労意欲を阻害しない。というのは、働いて所得を得ても、減額される助成金は増えた所得を下回るからである。そうであれば、できるだけ働いて可処分所得を増やそうと努力する誘因が与えられる。

この制度の大きなメリットは、現行の社会福祉政策やさまざまな政府による市場への介入による所得再分配政策では、大きな官僚機構が必要になるが、負の所得税制は現行の正の所得税制の延長線上にあるから、小さな官僚機構で所得分配が可能になるという点である。

第三章とこの章では、次章以下で扱う「小さな政府が求められる理由」を考えるための基礎理論を説明した。そこで次章では、これらの基礎理論を踏まえて、「大きな政府」から「小さな政府」への大転換に挑戦したイギリスのサッチャー改革とその後の一連の改革について説明しよう。

第五章

「小さな政府」への闘い——サッチャー改革からブレアの第三の道まで

戦後、福祉国家を目指した国は七〇年代に入って、成長率が大きく鈍化したため、危機を迎えた。危機を迎えた国はさまざまな改革を試みながら、もがき苦しんだ挙句、いくつかの国は自由主義（あるいは、新自由主義）が掲げる「小さな政府」にたどり着いた。その典型的な国はイギリス、アメリカ、カナダ、オーストラリア、ニュージーランドなどのアングロ・サクソン諸国であった。

そこでこの章では、戦後、世界で最初に「小さな政府」への舵取りを切ったイギリスのサッチャー改革とメージャー保守党政権によるサッチャー改革の継承、及び、ブレア労働党政権によるサッチャー改革の修正を題材に取り、どのように「小さな政府」への転換が図られたかを見てみよう。

1 サッチャー改革に至る道

†七〇年代のイギリス経済――福祉国家の危機

福祉国家の目的の一つは完全雇用である。イギリスでは、失業率は六〇年代までは二％以下に抑えられていたから、完全雇用の目標はほぼ達成されたといってよいであろう。しかも、完全雇用は物価の安定のもとで達成され、インフレ率は六〇年代までは平均三％台半ば以下にとどまっていた。成長率は他の欧米諸国や日本に比べれば低くかったが、それでも二％から三％を維持していたし、六〇年から第一次石油ショックまでの財政赤字の対国内総生産（GDP）比も一％以下にとどまっていた。マクロ経済がこうした状況であれば、イギリス国民も福祉国家を維持するためのコストを負担しえたといえよう。

以上のように、五〇年代から六〇年代のイギリスは相対的な安定期にあり、政策については社会的合意が存在していた。しかし、イギリスの他の欧米諸国に比べて低い生産性の伸びは、じわじわと福祉国家の基盤を侵食していた。生産性の低下を反映して、七〇年代の平均成長率は六〇年代の半分に落ち込み、逆に、失業率は六〇年代の二％以下から二倍の四％台前半まで、インフレ率は三％台後半から五倍の一六％へと大幅に上昇した。イギリスは高失業・高インフレ・低成長という典型的なスタグフレーションに陥ったのである。景気対策と失業率の引き下げのために、政府支出を拡大し、金融緩和政策をとるというケインズ政策が採られた。その結果、イギリス経済の危機が頂点に達した七六年の財政赤字の国内総生産比は六〇年の五倍の五％に達した。

†サッチャー登場の政治的背景

マーガレット・サッチャーは七九年に政権につくと、市場原理にそって改革を始めたが、実は、戦後のイギリスで市場原理を掲げた政権はサッチャーが最初ではない。七〇年に、ハロルド・ウィルソン労働党政権にとって代わったエドワード・ヒース保守党政権がそれである。同政権は自由経済への復帰と産業不介入主義を掲げて、イギリス経済を再建しようとした。

当時すでに、イギリス経済は混乱に陥り、福祉国家の危機を迎えつつあった。福祉国家と赤字の国有企業は国民から際限なく税金を吸い上げ、最高税率が八三％にも達する所得税と「働くよりも、働かずに、失業給付や補足給付を受けたほうがよい暮らしができる」（これを失業のワナとか貧困のワナという）といわれた社会保障制度は、人々の勤労意欲を殺いでいた。能力のある人は重税を嫌って海外に流出した。コストを考慮しない無料の医療制度は、無限の医療需要を誘発し、その財政負担には歯止めがかからなかった。強すぎる労組は経営者から経営の自由度を奪い、生産性の停滞を招いていた。

そこでヒースは、政府支出の削減、競争原理の回復、所得税と法人税の軽減、労組に集中しすぎた力の抑制、所得政策の見直し、衰退産業への助成金のとりやめなどを約束した。それが掲げた約束は後にサッチャー政権が掲げることになる約束と変わりはなかった。

しかし、ヒース政権は造船所の労働組合との対決に敗北し、七二年に失業者が大幅に増えると、政府支出を増やすケインズ政策に戻ってしまった。いわゆるヒースの「Uターン」である。その後、ヒース政権は「成長へのダッシュ」と称して、相次ぐ放漫予算を組んだ。これが第一次石油ショックによって引き起こされたインフレの火に油を注ぐことになった。

ヒース保守党政権の失敗によって、七四年二月の総選挙で、ふたたびウィルソン労働党政権が復帰し、七六年から七九年までは同じ労働党のジェームズ・キャラハンが政権を担った。ウィルソン政権は「新産業戦略」を掲げ、石油ショックとスタグフレーションを乗り切るための政策として、産業国有化、政府・経営者・労働組合の間で恒常的に協議を行う「国民経済開発審議会」など、一連の社会主義プログラムを打ち出した。

イギリスでは六〇年代から、政権党が保守党か労働党かにかかわらず、インフレを抑制する手段として、賃金を市場の決定に委ねるのではなく、自主規制または強制的規制によってコントロールしようとする所得政策が何度も試みられた。しかし、七八年から七九年はじめにかけて、政府は賃上げ率に関して労働組合との合意が得られず、激しい労働争議が続き、それは七九年一月には、一〇〇万人以上の規模のゼネストに発展し、労働党と労働組合の友好関係に終止符が打たれた。この激しい暴力的ピケを伴った、「墓掘人が死者の埋葬を拒否した」と非難された七八年暮れから七九年にかけての労働争議は、後に「不満の冬」と呼ばれるようになった。

七六年の夏、イギリスの経済危機は頂点に達した。ヒース政権以後の放漫予算の付けが回って、第一次石油ショック後からサッチャー政権が登場するまでの労働党政権時代の財政赤字の対国内総生産比（平均）は四％に達した。これはそれ以前の一〇年間の四倍に相当する。そのため、イギリスはＩＭＦからの膨大な融資を仰がなければならない状況に追い込まれ、イギリス・ポンドは急速に下落した。七五年のインフレ率は二四％にも達した。ＩＭＦが突きつけた融資の条件は、政府支出の削減とマネーサプライの増加率の引き下げによるインフレの抑制というマネタリズムの処方箋であった。

かくて、七六年の労働党大会では、キャラハン首相自身次のように演説せざるを得なかった。

「あまりにも長い間、多分、第二次世界大戦以来と言ってさしつかえないと思うが、われわれは社会・経済の根底を覆す変化を直視せず、根本的な選択を避けてきた。（略）あまりにも長い間、イギリスは、そしてこの労働党大会に出席しているわれわれも含め、生活水準を維持するため外国からの借金に甘んじ、イギリス産業が抱える根本問題への取り組みを避けてきた。かつて耳にした居心地のよい世界は、永遠に戻ってこないだろう。蔵相のサイン一つで保証された完全雇用、減税、赤字の解消――こうした居心地のよい世界は、過去のものになってしまったのだ。……

これまで、われわれは税金をカットし、政府支出を増大させることで、雇用を広げ景気後退を回避できると考えてきた。いま、ここで率直に言いたい。そのような選択は、もはやありえない。景気後退を避けようとすれば、わが国にインフレを蔓延させる事態が生じるのだ」（ケネス・ハリス著、大空博訳『マーガレット・サッチャー　英国を復権させた鉄の女』読売新聞社、一〇七頁）。

サッチャーが登場する前に、労働党ですら、ケインズ政策を放棄しており、サッチャー改革への道は六年に及ぶ労働党政権の経済失政によってすでに用意されていたのである。

†福祉国家の危機を招いた戦闘的な労組

サッチャー改革以前のイギリスの労組は法律に守られて、経営者と政府との交渉においてきわめて強い力を持っていた。経営者は労組の同意なしには、新しい技術や設備を導入することも難しかったし、社会保障で保護された労働者の勤労意欲も高いとはいえなかった。

さらに、組合員による投票なしにストが行われるなど、労組は幹部に牛耳られ、非民主主義的に運営されていた。

こうした非民主主義的で強すぎる労組が大きな一因になって、生産性の向上が停滞し、技術進歩も遅れ、低成長、高インフレ、高失業の英国病をもたらしたと考えられる。英国病にかかっている限り、当時のイギリスのような高度な福祉国家を維持することは不可能である。

かくて、イギリスは主要国の中でももっとも厳しいスタグフレーションのもとで、福祉国家の危機にとどまらず、まさに体制の危機を迎えていたのである。

2 サッチャーの改革

†「合意の政治」から「信念の政治」へ

「不満の冬」の後の七九年の総選挙で、保守党が勝ち、マーガレット・サッチャーが首相に就任した。サッチャーは（新）自由主義を信奉し、イギリスを福祉国家から自由な市場を原則とする自由主義国家に転換させることこそが、イギリスを救う唯一の道であると信じていた。何よりも勤勉、自助努力、節約というヴィクトリア時代の徳を重んじた。こうしたサッチャーの思想は父親とキリスト教・新教の一分派であるメソジストに負っている（ケネス・ハリス前掲書、九頁）といわれるが、フリードリッヒ・フォン・ハイエクやミルトン・フリードマンの自由主義の思想がサッチャーの子供の頃からの考え方を理論的に基礎付け、信念にまで高めたと考えられる。

サッチャー革命とまでいわれるサッチャー改革を理解するには、サッチャーは自由主義というゆるぎない信念に基づいて政治を進めたという点に留意する必要がある。サッチャー以前の戦後のイギリスの政治は「合意の政治」のもとに、完全雇用と高度な社会保障を目指して、戦闘的な労組との妥協を繰り返してきた。

サッチャーが政権についた翌年の八〇年と八一年は、引き締め的な財政金融政策に加えて、イギリスが北海油田開発により石油輸出国になったことを反映してポンド相場が急上昇したため、経済成長率はマイナスに落ち込んだ。失業率は七九年の五％から八一年には九・八％に急上昇した。これは相当に厳しい景気後退であった。一方、八〇年のインフレ率はサッチャー政権の目玉というべきインフレ抑制どころか、七九年の一三％よりも高い一八％にも達した。

これだけの厳しい二年続きの景気後退を経験すれば、サッチャーも七〇年代初めのヒースと同じように「Uターン」しそうなものであった。しかし、サッチャーにUターンする気はさらさらなかった。完全雇用を追求するケインズ政策、労組との協議を求めての政府の市場への介入、産業の国有化などの旧来の政策が間違っていることは、すでに明らかだと確信していたからである。

しかし、サッチャーがUターンを拒否する中、景気は悪化し、人々の痛みは日増しに増大し、世論調査における首相の支持率は二三％まで下がってしまった。これは首相支持率としては、世論調査が始まって以来の低さだった。

このサッチャー政権の危機を救ったのは、アルゼンチンとのフォークランド戦争の勝利だった。

三つの経済政策

それでは、自由主義思想に基づくサッチャーの経済政策はどのようなものであったであろうか。経済政策は次のように三つに分けて考えると理解しやすい。

第一は、マクロ経済政策である。これは成長政策と安定化政策に分かれるが、サッチャー改革に関しては、安定化政策が重要である。

第二は、ミクロ経済政策である。これは政府が民間の市場における取引に、課税、規制、補助金、関税、私企業の国有化などによって介入する政策や、それらの政策をやめる政策、すなわち、規制緩和や撤廃、補助金の打ち切り、関税の撤廃、国有企業の民営化などで、構造改革とも呼ばれる。

第三は、税金、福祉支出、社会保障などによって、市場で決まった人々の所得を、政府が再分配する所得再分配政策である。

サッチャーのマクロ経済安定化政策――インフレの抑制

サッチャーがまず取り組まなければならなかったのは、手のつけられないほど高くなったインフレを鎮めることであった。サッチャーはマネタリズムに従ってマネーサプライをコントロールすることによってインフレ率を引き下げようとした。実際には、マネーサプライの安定化には成功しなかったが、引き締め的な財政金融政策により、インフレ率は八三年以降大きく下がり、八六年には政権が発足した年の七九年の四分の一に下がった。しかし、八六年の失業率は七九年の二倍以上も上昇した。インフレ率の低下は失業率の上昇という代価を払って達成されたのである。ただし、サッチャー政権後期の八七年以降は、失業率も着実に低下した。

サッチャー政権時代、八六年までは失業率は高かったが、経済成長率が低かったわけではなかった。七九年から八九年のイギリスの成長率はアメリカと同じで、ドイツやフランスよりも高かった。

†労働関係法の改正

この章の1節で述べたように、イギリスの強すぎる労組は自由で競争的な市場が持っている勤勉、節約、革新への動機付けといった重要な機能を麻痺させてしまった。サッチャーは自由で競争的な市場の機能を取り戻すために、インフレばかりでなく、この強い労組と戦わなければならなかった。労組の力を弱める政策は、市場の正常な機能を取り戻すというミクロ経済政策に位置づけられる。

サッチャーは政権につくと直ちに雇用法と労働組合法を改正し、それまで組合幹部によって牛耳られていた労組の運営を民主化し、第二次ピケット（直接労使関係がないものに対してもピケを張ること）などの行為に対しては組合免責を剝奪することとした。たとえば、それまでイギリスでは免責を受けることのできる労働争議が広く定義され、労組は使用者側から損害賠償請求を受けることなく、ストなどの闘争手段を行使することが法的に認められていた。これは組合免責と呼ばれるが、八二年の雇用法改正で、組合免責が認められる労働争議に枠がはめられた。

†スカーギルとの闘い

サッチャーの労使関係法の改正は、巨大な力を行使し続けてきた労組をあるべき姿に戻す改正であった。そうした一連の労組弱体化政策に対して、全国炭鉱労組の委員長アーサー・スカーギルは政治ストで応じた。かれは七四年にヒース政権をUターンさせたといって、その力を誇っていた人物である。

スト突入のきっかけは、八四年三月の、石炭公社総裁イアン・マグレガーが全国炭鉱労組に対して採算性の低い炭鉱の閉鎖と減反計画を通知したことであった。

世界は六〇年代から、エネルギー源を石炭から安価な石油に転換していた。世界中の炭鉱が閉鎖される中で、炭鉱労組が巨大な権力を持っていたイギリスでは、どんなに採算の取れない炭鉱でも閉鎖されることなく、石炭産業は過剰生産と赤字を垂れ流し続け、国有企業の中でも最大の金食い虫だった。

サッチャーはすでに八一年ころから、スカーギルとの闘いに勝つための作戦を練っていた(以下、スカーギルとの闘いは、ハリスの前掲書に基づく)。勝敗の鍵は火力発電所にどれだけ石炭を備蓄できるかであった。石炭を十分に備蓄できれば、石炭ストがあっても電力を確保できるからである。スト突入が予想された八四年春には、石炭の備蓄量は前例のない五千万トンに達していた。

スカーギルの武器は、かれを一躍有名にした一〇年前のヒース政権時代のスト戦略、すなわち、遊撃ピケ隊であった。遊撃ピケ隊とはストの拠点地区のピケ隊を支援するために派遣される移動ピケ隊のことで、七二年の炭鉱ストでは次々に炭鉱を操業停止に追い込んだのである。

サッチャーは違法の遊撃ピケ隊を排除するために、前例のない数の機動隊を送り込んだ。このときのストでは、働く権利を主張する労組員が多数に達した。かれらを保護する機動隊とピケ隊の激しい戦いが繰り広げられた。

連日テレビに映し出された遊撃ピケ隊の暴力に衝撃を受けた国民は、炭鉱ストを支持しなかった。今回は、スカーギルの唯一の武器であった遊撃ピケ隊は、機動隊、働く権利を主張して闘う労働者、そして世論との闘いに敗れて、前回のようには機能しなかった。ストは翌年の冬まで続いたが、スカーギルは八五年三月についにスト停止宣言に追い込まれた。

かくて、サッチャーは一連の労使関係法の改正と全国炭鉱労組との闘いの勝利により、新しい民主主義的な労働組合を誕生させ、市場メカニズムが機能するための基盤構築に成功したのである。

†民営化と大衆資本主義

しかし労働市場がまともに機能するようになっても、非効率で、赤字を垂れ流す国有企業が多くては、正常な市場メカニズムは回復できない。サッチャーの次の仕事は、国有企業を市場競争にさらし、できるだけ私企業的に行動させ、最終的には民営化することによって生産性を引き上げることであった。そのための最大の手段は補助金や外部金融の削減であった。例えば、ブリティッシュ・レイル（イギリス国有鉄道）は六年間にわたって補助金を約半分に削減され、コスト削減に圧力がかかった。外部からの資金調達が制限されたため、賃金支払いは自己金融の範囲に制限された。非効率な炭鉱や工場等は閉鎖された。労組の弱体化と競争圧力の増大のもとで、国有企業の経営も大きく変わった。企業は市場に反応するようになり、コストと効率をコントロールできるように組織は再構築された。多くの決定権が組織の末端に委譲され、末端の組織に市場機会をつかむ伸縮性とイニシアティブが与えられた。

競争原理の導入の仕上げは、国有企業の民営化であったが、民営化計画それ自体が国有企業の経営に大きな影響を及ぼした。たとえば、ブリティッシュ・エアーウェイは八〇年に民営化計画が発表されると、八四年までに従業員は三五%も削減された。国有企業における雇用削減はすさまじく、七九年から八七年の間の削減率は平均三四%に達し、鉄鋼では九〇%に達した。

こうした改革によって、七九年から八七年の間に生産性も二〇%から高いところでは七〇%も上昇した。

以上のような、ミクロ経済政策により、サッチャー時代に生産性は大きく向上した。とくに、技術進歩率の上昇が大きく、サッチャー時代に二倍も上昇した。

民営化には市場原理の導入による生産性向上以外にも、二つの目的があった。それらは、国有財産の売却収入を財政赤字の解消にあてることと、大衆資本主義の形成である。大衆が売りに出された国有企業株を買った結果、株式の個人保有率は七九年には七％に過ぎなかったが、八七年には二〇％に達した。

大衆資本主義の形成は「俺たちとあいつら」と表現されるイギリスの階級社会を、階級のない社会と企業内文化を創出するための手段であった。

†金融ビッグバンと行政ビッグバン

サッチャーのミクロ経済政策のうちで、次の二つのビッグバンもイギリスをよみがえらせた重要な改革であった。一つは金融ビッグバンで、これはロンドン・ドッグランズ開発とあいまって、ロンドンを金融国際都市としてよみがえらせた。

もう一つは行政ビッグバンである。これは行政に民間の経営手法と競争原理を導入することにより、行政の効率化を図ろうとするもので、無駄な政府支出を削減することにより、財政再建にも寄与した。サッチャーが具体的に採用した制度はエージェンシー制度と強制的競争入札制度である。

エージェンシー制度とは、中央の省庁が担当していた行政サービス提供業務の執行を、人事・予算・権限について自立した一般的企業体であるエージェンシー機関に移し、それによって、行政サービスを効率的に提供させようとする制度である。それに対して、省庁は企画とエージェンシー機関の監視に特化することになる。

エージェンシー機関は行政サービスの提供の責任を負う代わりに、管理の自由と独立性が与えられる。エージェンシー化された行政サービス業務は、車両検査庁、印刷局、造幣局、登記庁、社会保険給付庁、刑務所など多数に上った。

エージェンシーの社長は公募による決定が原則である。社長の任期は三年から五年程度で、任期中の達成目標を自ら決め、その目標を達成すれば、成功報酬を受けることができる。職員は本省庁からエージェンシー機関に移行し、公務員の身分は維持されるが、かれらにはやる気を高めるように、省庁の公務員とは別の給与・人事体系が適用される。こうしたやる気を与える誘因により、業務の単位コストの軽減が図れる。

強制的競争入札制度は地方政府が担う行政サービスの提供を強制的に民間との競争入札にかけることによって、地方の行政サービス供給の効率化を図ろうとする制度である。八九年以降のデータによると、官民の間の競争が高まったことによって、公的部門の生産性が高まり、同じ業務を遂行する上で、公務員数は平均二割から三割も減少したという。

†税制と社会保障の改革

次に、サッチャーの所得再分配政策を見ておこう。

まず、税制改革である。サッチャーの税制改革は第三章で述べた支出税の考え方と税率の高い所得税は勤労意欲を殺ぐというマネタリズムやサプライ・サイド・エコノミックスの考え方に沿ったものであった。七九年の税制改正では、所得税の勤労意欲阻害効果を緩和するため、基本税率を三三％から三〇％に引き下げ、最高税率を八三％から六〇％に引き下げた。八八年改正では、二七％から六〇％の所得税率の構造を簡素化して、一万九千三〇〇ポンドの課税所得を境に、二五％と四〇％の二本立てにした。

一方、七九年の税制改正では、付加価値税の税率を八％と二・五％の二本立てから一律一五％に引き上げた。

法人税については、企業活動を阻害しないという観点から、税率を引き下げた。

以上の税制改革により、直接税の比重が低下し、間接税である付加価値税の比重が増大した。

社会保障のうち年金については、サッチャー政権は、公的年金は基礎年金のみとし、二階部分の所得比例年金は廃止し、基礎年金以上の年金は職域年金（日本の企業年金）や個人年金でカバーする改革を目指した。しかし、世論の強い反対にあって、給付の削減にとどめざるを得なかった。

サッチャー政権時代の社会保障改革は、「社会保障はその必要性が最大である人を正しく認識して支給することが重要である」という考え方を基本としていた。これはフリードマンなどの自由主義者が主張した点である。この基本から、失業保険給付や補足給付（八六年社会保障法の改正で「所得補助」と名称と制度が変わる）などについて、「働くよりも、社会保障給付を受けたほうが税・公的保険料控除後の純所得が大きくなるため、働かずに社会保障で生活する」という「貧困のワナ」や「失業のワナ」を解消する改革が実施された。

†サッチャー改革で格差は拡大

以上、サッチャー改革について述べてきたが、その改革には経済格差の拡大が伴った。大衆資本主義はシティーに大きな恩恵をもたらした。すでに述べたサッチャー改革に加えて、ビッグ・バンと呼ばれた金融・証券の自由化は、直接投資の急増、企業合併・吸収の波を引き起こし、イギリスの金融部門を大きく拡大させた。この金融部門の拡大はイギリスの成長力の原動力になり、ユッピーと呼ばれるニュー・リッチを生み出した。

ニュー・リッチが誕生する一方で、高い失業率と所得税率の累進度の引き下げと付加価値税率の引き上げ、社会保障制度改革のため、可処分所得で見た所得格差は拡大した。図5-1は可処分所得（直接税・公的保険料・住宅費用控除後の所得）のジニ係数で測った不平

図5-1　イギリスのジニ係数の推移

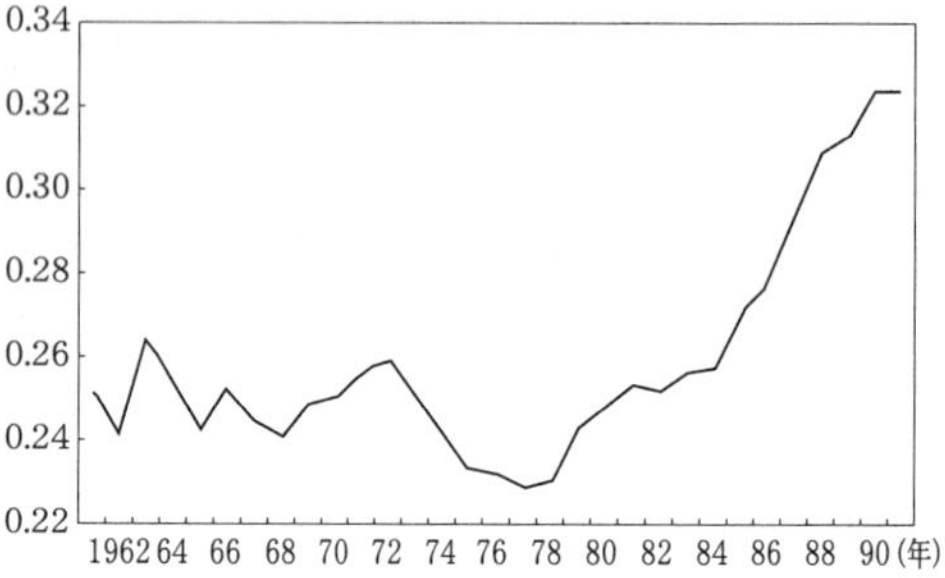

（資料）OECD, Economic Surveys. United Kingdom 1997-1998

等度の推移を示したものである。ジニ係数は大きくなるほど、可処分所得が人々の間に不均等に分散していることを示す数値である。ジニ係数は六〇年代は安定し、七〇年代はサッチャー政権が登場するまでは低下している。

　ところが、サッチャー改革後は、ジニ係数は急速に上昇し、それ以前の傾向は逆転し、年々、不平等度が高まった。

　不平等の拡大は八〇年代以降、多くのＯＥＣＤ諸国で見られる傾向である。しかし、この傾向はイギリスで最も早く起こり、かつ、最も早いスピードで進んだ。

†政府は小さくなったか

　それでは、サッチャー政権時代に、数値で測った政府は小さくなったのだろうか。

政府支出の対国内総生産比はサッチャー政権時代に七四年から七九年の労働党政権時代

よりもわずかに上昇した。政府支出のうち、社会保障支出の対国内総生産比は同期間に一一%から一三%に上昇した。この上昇はサッチャー政権時代に失業率が上昇したため、失業給付と補足給付が増大したことが主たる原因である。

政府収入の対国内総生産比も同じ期間にわずかに上昇した。税金と社会保険負担の合計の対国民所得比(国民負担率)は七五年には四七%だったが、八〇年には五〇%へと上昇した。

このように、サッチャー政権時代、労使関係の改善、民営化、金融ビッグバン、行政ビッグバンなどによる政府の市場介入の縮小という点では、政府は小さな政府へと大きく転換した。しかし、政府支出や政府収入の対国内総生産比などの数値で見る限り、政府の大きさはその前の労働党政権時代よりもわずかに大きくなった。

†第三期サッチャー政権からメージャー保守党政権まで

サッチャー政権時代に、インフレ率は大幅に低下したが、失業率は大きく上昇し八六年のピークには一一%にも達した。しかし、サッチャー政権後期の八七年以降、失業率は着実に低下し続け、〇五年は四・九%まで低下した。いまやイギリスは欧州連合(EU)の中では、雇用の優等生になった。

イギリスの経済学者の研究によると、イギリスの失業率が八〇年代終わりから九〇年代の終わりにかけて低下した最大の要因は、サッチャー改革によって、労働組合の賃金交渉力が弱まったことである。これにより、実質賃金が下がったため、雇用が増大し、逆に、失業率は低下した。

失業率低下のもう一つの大きな要因は、失業保険支給条件が厳しくなったため、失業者が「失業のワナ」に陥る度合いが低下したことである。

九三年以降〇六年までのイギリスのマクロ経済パフォーマンスはさらに良好で、かつての「英国病」の名は完全に返上した。九三年以降は景気後退らしきものを経験せずに、二％程度のインフレのもとで、日本やヨーロッパ諸国に比べて、高くかつ安定的な経済成長を続けている。

九三年以降、イギリスが低インフレと低失業率のもとで安定成長を続けているのは、九三年に、金融政策の目的として、インフレ目標を採用したことにより、マクロ経済が安定したため、サッチャー改革の成果が花開いたからである。

インフレ目標政策はメージャー政権時代のマクロ経済政策であるが、同政権時代のミクロ経済改革として重要なものに、ＰＦＩ（Private Finance Initiative）の導入がある。これは社会資本の管理・運営に民間のノウハウを導入することによって、社会資本サービスの供給における効率化を図り、財政負担を減らそうとする制度である。

ＰＦＩはサッチャー政権時代から構想が練られ、メージャー政権下の九二年から採用されるようになった。ＰＦＩには民間が社会資本を建設して、管理・運営に当たるものと、政府が建設した社会資本を民間が譲り受けて、その管理・運営に当たるものがある。その場合の民間は国籍を問わないため、日本企業が大学建設や地域開発に参加している場合がある。

ＰＦＩは従来からある外部委託とはまったく異なる点に注意しておこう。ＰＦＩによる民間の行政サービスの提供は、施設の管理・運営をすべて民間が担い、それに伴うリスク（例えば、有料の道路の場合の料金収入がコストに満たないため、赤字になるリスク）の多くを民間が負うという点で、従来からある外部委託（例えば、省庁の建物の清掃業務の外部委託）とは異なっている。

日本には官と民が共同で出資してリゾート地を開発したりする第三セクター方式があるが、これもイギリスのＰＦＩとは似て非なるものである。イギリスのＰＦＩの場合、責任体制とリスク負担がはっきりしている。それに対して、第三セクターは官民の責任体制とリスク負担がはっきりしないため、赤字を垂れ流したり、倒産したりして、財政負担を増大させるケースが続出した。

以上のように、八〇年代から九〇年代にかけて、イギリス保守党政権はエージェンシー、官民競争入札、およびPFIなど行政に民間の経営手法と競争原理を導入する、ユニークなアイディアを次々に打ち出し、それを果敢に実行した。これらのアイディアはすべて日本でも九〇年代半ば以降、行政改革の手段として取り入れられた。

3 ブレア政権の第三の道——福祉から労働へ

†サッチャー改革を継承するブレア

労働党は九七年に一八年ぶりにトニー・ブレア党首のもとで政権を取り戻した。ブレアが掲げる社会経済モデルは「第三の道」と呼ばれる。これはそれ以前の二つの社会経済モデルに代わるモデルとして考えられたものである。「第一の道」は戦後のイギリスなどの西欧が採用した社会民主主義的福祉国家であり、「第二の道」は「小さな政府」を目指したサッチャーリズムである。「第三の道」は福祉国家の危機を克服しようとしたサッチャー改革の意義を認めつつ、効率と社会正義とを両立させようとするものである。

ブレア政権の経済政策を検討すると、社会正義とは「結果の平等」ではなく、「機会の平等」を達成することであることが分かる。この点では(新)自由主義思想と変わらない。

実際に、ブレア政権の経済政策は自由主義的な面がかなり強く、その意味でサッチャー改革路線を継承しているといえる。ここでは、ブレア政権の自由主義的側面を三つ上げておこう。

第一は、資格要件を満たさないものを社会福祉サービスや社会保険給付の受給から排除したことである。これは、サッチャーの「社会保障はその必要性が最大である人を正しく認識して支給することが重要である」という考え方と同じである。社会保障などの受給資格を調べるテストをミーンズ・テスト（資力調査）というが、従来、イギリス労働党や比較的多くの社会政策研究家（かれらは社会民主主義者である）は、「ミーンズ・テストは人々の尊厳を傷つける」という理由で、ミーンズ・テストに反対し、権利としての社会保障を主張してきた。社会保障や社会福祉サービスの受給において、ミーンズ・テストを課さずに、その受給を権利として認めるという考え方を普遍主義という。それに対して、ミーンズ・テストを実施すべきであるという考え方を選別主義という。

労働党は長い間選別主義に強く反対してきた。その労働党がいまや普遍主義を否定して選別主義に踏み切ったことは、労働党も普遍主義の欠陥——いくら財源があっても足りず、人々の勤労意欲を阻害し、人々を「貧困のワナ」や「失業のワナ」に陥らせるという欠陥——を無視できなくなったことを示している。

ブレア労働党の自由主義的な側面の第二は、福祉から雇用（welfare to work）への転換である。第三章で紹介したマネタリズムの主張のように、ケインズ政策は長期的には失業率の引き下げには役に立たず、インフレ率を引き上げ、財政赤字を拡大しただけであった。マネタリズムや新古典派経済学によれば、長期的にもなくならない失業とは、求人はあるが、その求人先が求める能力を持たないといった労働のミス・マッチや働くよりも社会保障で生活していたほうが楽で、純所得も多いといった「失業や貧困のワナ」などを原因とするものである。

こうした失業を減らすには、ケインズ政策ではなく、労働のミス・マッチをなくしたり、社会保障給付を選別主義に切り替えたりするミクロ経済政策（日本では、構造改革と呼ばれる）が必要である。

サッチャー政権もこの考え方に立って、八三年以降、スウェーデンにならって無数の積極的労働市場政策（スウェーデンの積極的労働政策については、第六章を参照）を導入した。失業者に失業手当を支給する政策が消極的労働市場政策と呼ばれるのに対して、積極的労働市場政策とは失業者（ここでは、職探しもせず、学校にも通っていない人を含む）に対するカウンセリング、訓練、職業経験の提供や雇用を増やす民間企業に職業補助金を支払うといった政策によって、雇用を増やそうとするものである。

ブレアもこのサッチャー改革路線を引き継いで、ニュー・ディール・プログラムという、若者、長期労働者、五〇歳以上の労働者、片親世帯などをそれぞれ対象とするカテゴリー別の積極的労働市場政策を導入して、雇用を創出しようとしている。

ブレア政権の自由主義的側面の第三は、教育を重視している点である。積極的労働市場政策は短期の政策であり、雇用を増やす根本治療にはならない。長期的にイギリスの失業率を引き上げている根本的原因は、教育制度や職業訓練制度である。人々が現代の企業が必要とする知識や技術・技能を持っていなければ、求人はあっても、人々に雇用される能力はない。雇用される能力がなければ、失業してしまう。

イギリスはこの雇用される能力のない人の問題が最も深刻な国の一つであり、その解決のためには教育改革が不可欠であった。

それでは、サッチャー政権は教育問題にどう取り組んだであろうか。サッチャー政権当時、「英国病」の原因は、「強すぎる労組」と「質の低い人的資本」であるというのが経済成長論の専門家の一致した見方だった。この二つの要因のうち、サッチャーが主として取り組んだのは労組の改革であった。人的資本の質を上げるためには教育や仕事の訓練制度が重要であるが、サッチャーが教育改革に取り組み始めたのは、政権後期の八六年からで、本格的に教育改革を進める前に退陣せざるを得なかった。

一方、ブレアは「労働生産性の向上」と「人々の雇用される能力を高めて、機会の平等を達成する」という二つの観点から、教育を重視し、教育予算を増やすとともに、子供の学力を引き上げるために、教育の内容や管理に対して中央政府の関与を強めてきた。それまでのイギリスは、教育に関しては地方政府が中心的役割を担ってきたのである。

ブレア政権の教育改革の成果がどれだけ上がっているかの評価は分かれるところである。いずれにせよ、教育の効果が出てくるまでには、一般に政権担当期間を超える長期を要する。二〇〇一年現在のOECD調査でも、イギリスでは、二五歳から三四歳の人の三分の一は義務教育レベル以上の資格を持っていない。大学進学率は上がったものの、高校進学者の割合（二〇〇一年で七四・七%）はOECDの中では低いほうにとどまっている。

†後期サッチャー政権以降、絶対的貧困は減少

すでに述べたように、サッチャー政権時代にジニ係数で見た可処分所得の格差は拡大したが、九〇年代の前半のメージャー政権時代も格差の拡大に歯止めがかからなかった。九七年の総選挙で、イギリスの有権者がジョン・メージャー率いる保守党に代えて、トニー・ブレア率いる労働党を政権党に選んだ一因は、以上のような格差の拡大であったと考えられる。

それでは、機会の平等を目指したブレア政権時代に、格差は縮小したであろうか。可処分所得のジニ係数は、前期ブレア政権時代（一九九七年から二〇〇一年）にわずかであるが上昇したが、格差拡大には歯止めがかかってきたといえる。ちなみに、二〇〇〇年の日本とアメリカのジニ係数がそれぞれ三一・四と三五・七に対して、イギリスは三二・六である。

ところで、ジニ係数は所得が高所得者に偏れば大きくなり、その場合、格差は拡大したと解釈される。それに対して、「ある期間にジニ係数が大きくなっても、所得が一定以下の貧困層が減れば、その期間の改革の成果は貧困層にも及んだことになる。したがって、その期間の改革は所得分配の観点からも望ましかった」と考える評価基準もありえる。そこで、OECD（経済開発協力機構）のワーキング・ペーパーで示された絶対的貧困率の変化によって、八〇年代半ば以降のイギリスの各政権の成果を評価しておこう。そこで示された絶対的貧困率の変化とは、基準年の可処分所得の中央値（測定値の真ん中の値）の半分以下の所得の人を絶対的貧困層とみなし、その所得水準の人の割合（絶対的貧困率）が比較年までにどれだけ変化したかを示すものである。ただし、基準年と比較年では物価が変化するので、物価の変化を調整した実質所得で比較する。

この絶対的貧困率は八〇年代半ばの後期サッチャー政権から九〇年代半ばのメージャー

政権にかけて大きく低下し、前期ブレア政権が終わる二〇〇〇年にはさらに低下した。したがって、後期サッチャー政権以降のイギリスの改革は、絶対的貧困の減少に貢献したことになる。

このように、機会の平等を進めると、どの所得層の所得も増加するが、中所得層以上の所得がより大きく増加するため、ジニ係数で測った格差は拡大する。しかし、絶対的貧困層は減少するのである。

以上から、ブレア政権も基本的には、サッチャー改革が敷いた「結果の平等」から「機会の平等」への転換によって絶対的貧困を消滅させる路線を基本的には踏襲しているといえる。

第六章　スウェーデン型福祉国家の持続可能性

第五章では、イギリスにおける「大きな政府」から「小さな政府」への動きを見たが、北欧諸国は依然として、「大きな政府」を持っている。これらの国は果たしてうまくいっているのであろうか。そこで、その代表としてスウェーデンを取り上げ、今後のスウェーデン型福祉国家の持続可能性を探ってみよう。

1　スウェーデン・モデルとその成功の秘密

スウェーデンは福祉国家で有名であるが、その福祉国家のあり方はスウェーデン・モデルと呼ばれる。スウェーデン・モデルの政府は、一言で言えば、「高福祉・高負担」の「大きな政府」である。

「小さな政府」論者の主張によれば、「高福祉・高負担は人々の勤労意欲を阻害し、企業家精神を枯渇させ、経済の停滞を招く」はずである。経済が停滞すれば、福祉国家といっても「平等に貧しい社会」に過ぎない。

ところが、スウェーデンは一人当たり国内総生産が日本とほぼ同じ（二〇〇二年の数値）で、豊かな国である。失業保険、医療保険、年金制度が充実し、高齢者・障害者福祉サービスも行き届いている。失業しても、歳をとっても、障害者になっても生活が保障されていて、安心である。保育サービス、育児手当、十五ヶ月の現金給付付き育児休暇など、至れり尽くせりの子育て公的支援があるから、安心して子供を生める。実際に、スウェーデンの合計特殊出生率（女性の年齢別出生率を合計した値）は一・七一（〇四年）で、日本の一・二五（〇五年）よりもかなり高い。

これほど福祉が充実していて、誰もが安心して豊かな生活を送れるのであれば、「小さな政府」よりも「大きな政府」の方がいいのではないだろうか。それにもかかわらず、なぜ、日本を始め多くの国はスウェーデン型福祉国家を目指そうとしないのだろうか。

そこで、「大きな政府」の下で、豊かな国を築き上げることに成功したスウェーデン経済の謎に迫ってみたい。

†スウェーデンの政府はどれだけ大きいか

はじめに、スウェーデン政府はどれくらい大きいのかを見ておこう。

〇四年のスウェーデンの政府支出と政府収入（税と社会保険料等）の国内総生産比は、それぞれ、五七％と五八％である。日本は三七％と三一％であるから、スウェーデン政府は対国内総生産比で比べると、支出規模で日本の一・五倍、収入規模で一・九倍という大きな政府である。税金と社会保険料負担の合計を国民所得で割った国民負担率は、日本の三七・七％（〇六年度）に対して、スウェーデンは七一％（〇三年）に達している。

国の支出の六割以上は家計、企業、地方に対する移転支出で、二割弱が消費支出（福祉サービスなどのために必要な人件費等）、公共投資は二％に過ぎない。つまり、国の主たる仕事は国防と外交以外は、家計や地方自治体への所得再分配である。

国の移転支出の半分は家計への移転支出で、その中心は基礎年金である。その他の移転支出としては、児童手当、傷病手当、失業補助金、住宅手当、奨学金などがある。

地方自治体は県と市町村（コミューン）から構成される。県の主たる仕事は医療サービスの提供であり、市町村は教育、文化、交通、児童保育・老人医療・介護などの社会福祉サービスを担当している。

†産業民主主義による平等化のメカニズム

スウェーデンの産業を担っているのは民間企業である。しかし、八〇年代初頭まで、スウェーデンの民間企業における賃金の決定は、自由主義経済のそれとは大きく異なるユニークなものだった。戦後から八〇年代初頭まで続いた賃金決定モデルは、連帯賃金政策と積極的労働市場政策とから構成される。

連帯賃金政策とは、労使の中央賃金交渉にあたって、個々の産業や企業の違いを超えて、「同一労働・同一賃金」を原則とする政策である。この政策が文字通りに実施されれば、労働生産性の低い産業では、労働生産性を上回る賃金を払わなければならない。そのため、そのような産業では企業の退出がおこり、産業そのものをも縮小する。一方、労働生産性の高い産業では、労働生産性以下の賃金を払えばよいから、大きな利潤が生まれる。そこで、そのような産業は、その大きな利潤を活用して積極的に生産規模を拡大する。このようにして、労働生産性の低い産業は縮小し、労働者たちは拡大する労働生産性の高い産業に吸収される。これがうまく機能すれば、完全雇用と平等な所得とが両立する。

しかし、低生産性部門で失業した人が高生産部門でただちに働けるわけではない。というのは、両部門で必要な能力が異なるからである。そこでスウェーデンでは、失業者に雇用訓練に関する各種のプログラムに参加させ、それでも就職できなかった場合にだけ、失業給付を支給する政策がとられてきた。これを積極的労働市場政策という。

このような労働政策が功を奏して、失業率は戦後から九一年までは、二%前後という低い水準に止まり、完全雇用が実現した。連帯賃金政策は文字通りの「同一労働・同一賃金」を達成しなかったが、賃金格差の縮小には大きく貢献した。

以上のような賃金決定やその他の労働条件の決定のあり方は、産業民主主義と呼ばれ、八〇年代初頭までは比較的良好に機能し、熟練労働者と未熟練労働者の賃金の格差は縮小した。

†低失業率の実現

スウェーデンの労働市場の特徴は、九〇年代以降に失業率が上昇するまでは、賃金の平準化と低失業率とを両立させてきたことである。七〇年代〜八〇年代にかけて、OECD加盟のヨーロッパ諸国の平均失業率は五〜九%に達したが、スウェーデンでは、九〇年までは一〜二%台に止まっていた。八〇年代までのスウェーデンの低失業率に貢献した政策は、安定的な雇用の維持を図るケインズ政策とすでに触れた積極的労働市場政策である。後者は、失業者に受動的に失業手当を支給するよりも、かれらの就業能力を高めた方が、本人にとっても社会にとっても望ましいという考え方に基づいている。

積極的労働市場政策には、公的な職の斡旋に止まらず、構造不況地域から発展地域へ労働者を移動するための助成、産業間・職業間の労働力需要のミスマッチを調整するための公共的な職業訓練・教育と企業内職業訓練の助成、障害者・高齢者・母子家庭などの社会的弱者に対する雇用助成などがある。こうした政策のため、スウェーデンでは、単に失業手当をもらっている失業者よりも、所得保障を受けながら公的な機関や私企業で職業訓練を受けるものの方が多い。

八〇年代までは、失業保険の給付率（従前賃金に対する失業手当の比率）が九〇％と高いにもかかわらず、失業率が低いために、失業手当支給総額は他のＯＥＣＤ国よりも極めて低い水準に止まった。

†女性の高就業率を支えた政府雇用

スウェーデンの労働市場のもう一つの特徴は、女性の就業率と雇用全体に占める政府雇用比率がともに極めて高いことである。以下に述べるように、女性の就業を促す政策が採られているため、女性の就業率は六〇年代から上昇し、男女の就業率格差はほとんどない状況である。

スウェーデンでは、戦後、雇用者数は年々増加してきたが、そのほとんどは政府雇用の増加であり、民間部門の雇用はほとんど増えなかった。現在（〇四年）、スウェーデンの民間部門の雇用者数は七〇年よりも四％少ない水準である。それに対して、OECD諸国全体では、現在（〇四年）、民間部門の雇用者数は七〇年よりも四〇％も高い水準である。同じ期間、OECD全体の政府雇用比率はほぼ一三％程度に止まったが、スウェーデンでは一九％から二九％へと大きく上昇した。

政府雇用の増加は、スウェーデン型福祉国家が確立するにつれて、育児・介護サービスなどの福祉サービスの供給が大幅に増えたことを反映している。政府雇用の増大のほとんどは女性であった。政府雇用のうち、最も大きなものは医療サービスで、次いで、教育と育児サービスである。

†手厚い家族政策

スウェーデンの家族政策は、公的な子育てサービスの供給、給付付きの育児休暇制度、育児手当と住宅手当などである。こうした家族政策により、スウェーデンでは八〇年代にベビーブームが起こり、八九年には特殊出生率は二・七で、アイルランドに次ぐ二番目に高い水準に達した。そこで、スウェーデンの人々の働き方や家族の在り方に大きな影響を及ぼしている家族政策について説明しておこう。

①公的な育児サービスの供給　スウェーデンでは、政府が育児サービスを供給している。これにより、女性が労働に参加する時に負担しなければならない費用は大きく減少した。就学前の子供の約六割は公的な育児サービスを受けている。残りの子供の多くは、育児休暇制度を利用した両親によって育てられている。次に述べるように、育児休暇中の親は政府から手厚い手当を支給される。公的な育児サービスでは、平均的に親がコストの一〇%を負担し、残り九〇%を公的部門が負担している。

②両親保険と育児休暇　両親保険制度により、出産前後十五ヶ月間の休暇と子供(一二歳まで)一人について一年間に六〇日間の休暇が認められる。両親保険によって、十五ヵ月のうちの一二ヵ月は従前所得の八〇%が公的に支給される。残りの三ヶ月は定額保障(一日あたり六〇クローナ。〇五年三月の為替レートで約九〇〇円)である。

③育児手当　四八年の初めから、一六歳以下のすべての子供に対して育児手当(〇五年現在、月額九五〇クローナ。〇五年三月の為替レートで約一四、〇〇〇円)が支払われるようになった。日本と違うのは、育児手当を受ける時に親の所得制限が無く、支給期間が極めて長い点である。

④住宅手当　家族の所得、子供の数及び住宅価格に応じて住宅手当が支給される。

†税と福祉政策による所得の平等化

スウェーデンの高率な累進課税制度と各種の移転支出および公的な教育・福祉サービスは大きな所得再分配効果を発揮している。所得が上位二〇%の階層で全体の所得の四五%を占めているのに対して、最下層の二〇%の所得階層が全体の所得に占める割合は四%に過ぎない（九九年）。すなわち、上位二〇%の所得階層の所得割合は下位二〇%の所得階層の所得割合の一〇・三倍である。

しかし、このギャップは税金と移転支出を考慮すると大きく縮小し、最高所得階層の最低所得階層に対する比率は三・四倍へと大幅に低下する。さらに、個々人が受ける公的サービスを考慮すると、両者の比率は二・三倍にまで低下する。

†八〇年代初頭までスウェーデン・モデルが成功した理由

スウェーデンは六〇年代から七〇年代の初めにかけて、理想的ともいえる福祉国家を築き上げた。この時代のスウェーデンの国家の在り方はスウェーデン・モデルと呼ばれる。そこで、八〇年代初頭まで、スウェーデン・モデルが比較的うまく機能した秘密を探ってみよう。

この謎に迫る仮説に、ハーヴァード大学経済学部教授リチャード・フリーマンの「システムとしての大きな福祉国家」という論文で示されたアイディアがある。

フリーマンは、スウェーデンが戦後比較的平等な所得分配と高福祉・高負担および完全雇用の達成という、一見、困難に思われる三つの組み合わせを長期にわたって実現できたのはなぜかという疑問から出発する。

スウェーデンでは「同一労働・同一賃金」の理念の下に、税引き前の所得の平等化が進んだ。フリーマンによれば、この所得の平等化が政府雇用の増大を生み出し、政府雇用の増加を維持するために高い税負担が必要になったという。そのメカニズムはこうである。

連帯賃金政策の下で、低生産部門の賃金が労働生産性を上回って上昇すれば、そこでの雇用は増えない。スウェーデン・モデルでは、このようにして生ずる失業を、政府部門が吸収した。高福祉政策の下で、公的に医療、教育、各種の福祉サービスが供給されたから、実際に、それに伴って公的部門の雇用も増え、民間部門で生ずる失業を吸収できたのである。これが、所得の平等化が政府雇用を生み出すメカニズムである。

次に、高福祉を支えるためには、高負担にならざるをえない。租税と社会保険料を合計した国民負担率は〇二年には七一％に達した。個人所得税率の累進度は大きく、九一年の税制改革前には、所得税の最高税率は七二％であった。

個人所得税率の累進度が高いために、賃金が増えても、税引き後の所得はほとんど増えない。そのため、本来ならば高い所得が得られたはずの労働者も、賃金決定過程における平等化を受け入れた。つまり、高負担が所得の平等化を要求することになったという一見矛盾するようなシステムが生まれたのである。

賃金格差が小さいために、労働者は職探しに時間を割こうとせず、転職率も低くなる。賃金格差が小さい上に、所得税率の累進度が大きく、社会保障給付も寛大であるから、労働者は長時間頑張って働こうとはしない。そこで、有給休暇を完全にこなして他の労働者と仕事を分け合うというワーク・シェアリングが実現した。ワーク・シェアリングは雇用需要を増やしたから、これも完全雇用の実現に寄与することになった。

ところで、スウェーデンの福祉は、労働することによって初めて受けられるという点に特色がある。例えば、失業した場合には、まず、紹介された職を選ぶか、公共的な職業訓練に従事するかのいずれかが要請される。

病気やけがで働けなくなった時に受けられる傷病手当の額は、最低保障の定額分と従前所得の比例部分とから構成される。そのため、働いて賃金を獲得するほうが、病気やけがになった場合により多くの傷病手当金を受け取ることができる。給付付きの育児休暇制度も働いて初めて受けられる制度である。

このように、働くことによって初めて受けられる社会保障制度のために、スウェーデンでは、高福祉・高負担にもかかわらず勤労意欲が失われる度合いは小さかった。

福祉を受けるためには働かなければならないというシステムを、ウェルフェア（Welfare福祉）にならって「ワークフェア」（Workfare）という。フリーマンは、このワークフェアの仕組みにこそ、スウェーデンが高福祉・高負担でありながら勤労意欲をそれほど低下させずに、完全雇用を維持しつつ、貧困を撲滅できた秘密であるという。

以上のように、スウェーデンでは、さまざまな制度が相互依存と補完関係を形成しながら、一つのシステムとしての福祉国家をつくりあげることに成功したというわけである。

2　スウェーデン型福祉国家の行方

†石油ショック後の低成長

スウェーデンは第二次大戦後から第一次石油ショック（七三年末）までは、ヨーロッパ諸国の中では比較的高い成長を維持していた。その結果、七〇年の購買力平価で測ったスウェーデンの一人当たり国内総生産は、世界第三位であった。この時期までが、スウェーデン・モデルが最もうまく機能し、世界から福祉国家の成功例として最も注目された時期である。

しかし、第一次石油ショック後は、成長率は他のヨーロッパのOECD加盟国の平均よりも鈍化し、八九年には、購買力平価で測った一人当たり国内総生産はカナダやドイツを下回り、フランスと日本とほぼ同じ水準で、八番目に下がってしまった。

石油ショック後の成長率の鈍化は非産油国共通の現象である。しかし、次項以下で示すように、スウェーデンの成長鈍化には、同国独自のコスト要因も存在したと考えられる。八〇年代以降、このコストの大きさが無視できなくなり、スウェーデンでもアメリカやイギリスと同じように規制改革、社会保障改革、税制改革などの改革が試みられるようになった。

†賃金平等化のコスト

スウェーデン型福祉国家のコストの第一は、賃金平等化のコストである。スウェーデンにおける賃金の平等化は人々の間の所得分配の平等化に貢献したが、さまざまなコストを伴った。その点を説明しておこう。

連帯賃金政策のもとでは、未熟練労働者の賃金はかれらの生産性よりも高くなる。それでは、誰が生産性の低い労働者に高い賃金を払うというコストを負担したのであろうか。一つの回答は政府部門である。すなわち、賃金が高いために民間部門で失業したかれらを政府が雇うのである。すでに述べたように、スウェーデンの雇用の増加のほとんどは地方政府部門であったことがこのことを示している。政府雇用の財源は税金である。したがって、賃金平等化のコストの一部は納税者が負担したことになる。

もう一つの回答は消費者である。それは次のようなメカニズムによる。スウェーデンでは、生産性の低い産業は貿易競争にさらされないサービスなどの非貿易財部門である。非貿易財部門では、労働者たちに生産性を上回る賃金が支払われたから、その分消費者が支払う価格は高くなった。このようにして、消費者は非貿易財部門における高い価格を通して、生産性の低い労働者に高い賃金を支払ってきたことになる。

しかし、賃金平等化はこうした直接的なコストだけでなく、次のような間接的なコストも発生させた。

第一の間接的なコストは、労働時間が短くなることによって、生産が減少するというコストである。スウェーデンの社会保障制度は、働くことを前提に構築されているため、労働参加率（人口のうち、職に就く意欲を持った人口の割合）は極めて高い。しかし、寛大な社会保障と累進度の高い個人所得税のため、労働者の働く時間は短くなった。平均的な年間労働時間は六〇年代の初めには約一九〇〇時間であったが、年々短くなり、八〇年代初めには一五〇〇時間に減少した。その後は長くなったものの、〇四年現在、一五八五時間である。日本は一七八九時間であるから、スウェーデンは日本よりも年間二〇〇時間も少ないことになる。

第二の間接的なコストは、賃金平等化が社会全体の生産性を引き下げることによる国内総生産の減少である。

スウェーデンでは、生産性に基づく賃金格差が小さいため、労働者にとって高等教育を受けたり、努力して技術を獲得しようとする誘因は小さい。そのため、賃金の平準化は人的資本に対する過少投資をもたらした。実際に、大学への進学率は大卒と高卒との賃金の差が縮小した七〇年代に低下し、八〇年代に、両者の差が開くにつれて上昇した。

賃金の平準化を原因とする人的資本に対する過少投資は、労働生産性の低下をもたらし、その結果として、経済成長の鈍化をもたらしたと考えられる。

賃金格差の縮小は、労働者が高い賃金を求めて自分に合った仕事を探す誘因も弱めた。その結果、労働者達が就いている仕事は、かれらの能力を最大限引き出すような仕事でない可能性がある。これも国内総生産の減少をもたらしたであろう。これも賃金平準化の間接的なコストである。

以上から、スウェーデンの労働市場の二つの特徴――連帯賃金政策と中央交渉による賃金平準化――はその支持者が評価するほど理想的ではなかったと考えられる。

†高福祉・高負担のコスト

スウェーデン型福祉国家のコストの第二は、高福祉・高負担のコストである。スウェーデンの高福祉・高負担は人々に安定した生活をもたらすというメリットをもたらしてきたが、それにはコストが伴った。そこで、ここでは高福祉・高負担のコストについて考えてみよう。

まず、累進度の高い個人所得税の労働に及ぼす影響から考えよう。累進度の高い個人所得税は、会社で働く誘因を弱めた。すなわち、人々は労働時間を減らし、課税されない家庭など、職場の外で過ごす時間を増やそうとした。この高い税金が生産に及ぼすマイナスの効果は、社会的に子育てを支援する補助金政策によって、ある程度相殺されたと考えられる。実際に、スウェーデンの家族政策にはこのような効果があり、女性の労働参加率を高め、生産に対してプラスの効果を持った。

一方、政府によって供給される子育てサービスは、その部門に従事する雇用、特に女性雇用を増大させた。そのため、労働者の民間部門への配分が過小になり、民間部門の生産物の減少というコストを発生させた。ある有力な研究は、女性の労働参加率の上昇による生産の増大効果よりも、民間部門の生産物の減少というコストの方が大きかったと推定している。

労働の供給に大きな影響を及ぼしているもう一つの社会保障制度は傷病手当である。スウェーデンでは、寛大な傷病手当により、病気を理由とする欠勤が非常に多い。九一年の改革までは、傷病手当の給付率は従前給与の九〇%(日本六〇%)であった。傷病手当は傷病で欠勤した日から支給され、一週間以内の欠勤であれば、医師の診断書も不要であった。

この制度は社会保険化されており、使用者負担がないため、使用者には本当に傷病かどうかをチェックする誘因がなかった。そのため、八八年には平均的な傷病欠勤日数は二五・三日にも達した。これは年間平均労働日数の一割以上に相当した。

病気を理由に会社を休む人は年々増加し、〇三年には一七五万人に達した。これは労働力人口の約四%に相当した。

さすがにスウェーデン政府もこの病気欠勤の多さには業を煮やし、傷病手当のルールを強化するようになった。

†スウェーデンの税制改革

スウェーデンの税制には、労働時間の短縮効果のようにマイナス要因があるため、そうしたマイナスの効果を是正する目的で、八五年以降次のような改革が実施された。

税制改革に当たっての基本的な考え方は、税制が人々や企業に及ぼす効果をできるだけ中立的なものにするという「中立性の原則」である。この中立性の原則は、サッチャー改革やアメリカのレーガノミックスの税制改革における基本原則と同じである。

一連の税制改革が実施される前のスウェーデンでは、産業化を進めるために、企業の投資を促進する税制が採用されていた。そのため、法人税制には各種の企業投資優遇措置が存在し、それらを考慮すると、法人税の法定税率は六〇%程度だったが、実質的には二〇%程度であった。

一方、個人所得には平等主義の立場から高度な累進税が適用された。企業投資を刺激する税のために失われた税収を取り戻す上でも、高度な累進個人所得税が必要であった。八〇年の最高個人所得限界税率は八五%超で、フルタイムの労働者の七四%は五〇%以上の限界税率（所得が一円増える時に適応される税率）に直面していた。こうした高度な累進税は貯蓄と労働供給を阻害し、脱税と節税を促したと考えられる。

八五年以降の税制改革では、それまでの所得分配の平等化と企業投資優遇原則から水平的公平と経済的中立性の原則に転換した。この改革により企業投資優遇措置は大幅に減少し、その結果、法人所得の課税ベースは拡大した。中立性の原則から法人税の法定税率は九四年には二八％に引き下げられた。

個人所得税率についても、税制上のフリンジ・ベネフィットをなくすことによって、所得課税ベースの拡大を図った。このようにして、税収を維持しながら、個人所得税と法人税の限界税率を大幅に引き下げたのである。

税制改革前には、高所得者はさまざまな非課税のフリンジ・ベネフィットを受けていたが、それがなくなったため、個人所得税の限界税率が引き下げられても、累進度は大きくは低下しなかった。

スウェーデンでは、主たる税として付加価値税があり、その税率は二五％である。以上のようなさまざまな税が個人の所得に課せられる結果、標準的な夫婦子供二人の世帯の総所得に対する税率は七九％（〇四年）にも達する。

†九〇年代初めの経済危機

九一年に、スウェーデンは戦後最大のマクロ経済ショックに襲われ、三年間にわたってマイナス成長が続いた。この期間は、他のOECD諸国も低成長を経験したが、スウェーデン経済の縮小は他の主要国よりもはるかに大きかった。

九一年から実質国内総生産は毎年減少し、三年間の累積では四%の減少に達した。一%台だった失業率は、九一年に三%台に急上昇し、以後上昇し続け、九七年には一〇%にも達した。それまで、財政収支は黒字であったが、九一年以降急激に悪化し、九三年には財政赤字の対国内総生産比は一一%にも達した。実質国内総生産が九〇年のレベルに戻ったのは九五年であった。

†日本と同じ経済危機の構図

それでは、スウェーデンはなぜ九〇年代の初めに、深刻な危機に陥ったのだろうか。スウェーデンは七〇年代以降の低成長を受けて、生産性を引き上げるために、八〇年代終わりから、九〇年代初めにかけてすでに述べた税制改革の他にも、社会保障改革、規制改革を進めた。これらの改革は経済効率を高め、生産を増大させるはずだった。しかし、実際には逆のことが起こった。

スウェーデンの経済危機の原因に関する著者の考えは次の通りである。スウェーデンでは、日本と同じように八〇年代の後半に、不動産価格と株価のバブルが発生した。株価は八六年から急上昇し、ピークの八九年には八五年の二・四倍にもなった。一方、不動産価格のうち商業用不動産の価格は八九年には八五年の一・九倍に達し、住宅価格は同じく同期間に一・六倍まで上昇した。

こうした資産価格の急騰をもたらした大きな要因の一つは、八五年半ば以降、急速に進められた金融自由化であったと考えられる。この金融自由化により、銀行の貸出残高規制と金利規制はともに廃止された。その結果、商業用不動産と住宅用不動産投資に対する融資が急激に増加した。銀行は金融会社などのノンバンクへの貸付も増やしたが、それらの貸付金もまた不動産融資に向けられた。

資産価格を急上昇させたもう一つの要因は、低い実質利子率と支払利子を所得税から控除できる寛大な所得税制であった。これらにより税引き後の借り入れコストは大きく低下した。

以上により、家計と企業の負債残高は急激に増大した。不動産を担保とした借り入れの増大と、不動産投資の急増は、消費の拡大と貯蓄の急激な減少をもたらした。

しかし、バブルは九〇年に崩壊し、不動産価格と株価は急激な低下に転じた。都市部の商業用不動産の実質価格（物価で調整した価格）は九三年の半ばまでには、八九年のピークの実に七〇％近くも低下した。住宅の実質価格も三〇％以上の下落であった。株価も大きく下落した。

こうしたバブル崩壊によって、家計と企業の資産価値から負債価値を差し引いた純資産価値は大幅に減少した。これをバランス・シートの悪化という。バランス・シートの悪化に直面した家計は消費を切り詰め、借金の返済を優先するようになった。そのため、消費の伸び率は九〇年代に入って急激に低下し、九二年と九三年はともに増加率はマイナスになった。住宅投資の伸び率も急激に低下し、九三年と九四年は前年比マイナス三〇％台にまで低下した。

企業もバランス・シートの大幅な悪化に直面して借金の返済を優先し、投資を抑制した。そのため、九一年から企業の投資も大きく減少し続けた。

このように、内需（消費、住宅投資、企業投資）が急激に縮小したため、実質成長率は九一年から三年もの間マイナスになったのである。

以上から、九一年から始まった経済危機の原因は、バブルが崩壊したことにより、企業と家計のバランス・シートが大幅に悪化し、それに伴って内需が大幅に減少したためであると考えられる。これは、九〇年代以降の日本のバブル崩壊による長期の経済停滞とまったく同じである。

スウェーデンはこの経済危機の過程で、日本と同様に銀行が大量の不良債権を抱えて、銀行危機が発生した。しかし、スウェーデンは、日本とは違って、いち早く銀行部門に巨額な資本を注入し、銀行危機を短期間で乗り切ることに成功した。

†危機後のスウェーデン経済

スウェーデンは九一年から三年間マイナス成長が続いた後、九四年と九五年には四％成長が続き急回復した。景気の急回復の原動力は、輸出の増加とそれに誘発された民間企業投資の急増であった。輸出が拡大したのは、世界的な好景気とスウェーデン通貨の大幅な下落であった。

八〇年代のスウェーデンは、インフレ率の平均が七・六％という高インフレ国であったが、九一年から九三年にかけての経済危機でインフレ率が大幅に低下した。九二年の終わりには二％（許容範囲はプラスマイナス一％）のインフレ目標政策の採用に踏み切り、九三年から〇四年までインフレ率は平均一・五％で安定した。

それに対して、日本はバブル崩壊後、銀行の不良債権処理が遅れて金融危機が長く続いたうえ、金融政策が引き締め気味に運営されたため、九八年以降はデフレに突入してしまった。こうしたスウェーデンと日本のバブル崩壊後の経済政策の違いが、両国の実質経済成長に大きな違いをもたらした。すなわち、スウェーデン経済が立ち直った九四年以降〇四年までの平均成長率は、スウェーデンでは三％であったが、日本は一％に過ぎなかった。

先に、スウェーデンは第一次石油ショック後成長率が他のヨーロッパのOECD加盟国の平均より鈍化したことを述べた。この成長率の鈍化の大きな要因の一つは、高福祉・高負担による生産性の低下であった。スウェーデンはそのことを意識して、八〇年代以降、税制、社会保障、規制改革及び政府企業の民営化などの構造改革を進めてきた。そうした構造改革の成果は、九〇年代初めの三年間にわたる経済危機を克服した後に、マクロ経済が安定化すると、徐々に実を結んだ。スウェーデン型福祉国家はすでに述べたような大きな問題を抱えてはいるが、九四年以降最近までの成長率はOECD加盟国のほぼ平均である。この成長率から見る限り、さしあたり、スウェーデン型福祉国家は生き残ったといえよう。

†福祉国家の心臓部に迫る財政再建

スウェーデンは、経済危機以後も構造改革を進めている。特に財政再建では大きな成果を上げた。九一年から九三年にかけての経済危機で、スウェーデンの財政は大幅な赤字に陥った。しかし、九八年から黒字に転換し、〇二年と〇三年はわずかな赤字であったが、〇四年には黒字に戻った。財政再建の主たる手段は歳出削減であった。経済危機の三年目の九三年には、政府支出の対国内総生産比は七三％にも達したが、九四年以降は着実に低下し、〇四年には九四年比で一六％も低下した。政府総債務残高の対国内総生産比は九六年には八五％に達したが、それ以降低下し続け、〇五年には六二％である。

こうした財政再建を達成するために用いられた政策は、スウェーデンの福祉国家の心臓部に切り込むものであった。人々は持続可能とは思われない財政の状況を改善するために、さもなければ考えられなかったような社会保障支出の削減を受け入れた。両親保険や育児手当のような寛大な社会保障や補助金や政府消費支出の削減などである。政府から民間部門への移転支出（児童手当、傷病手当、失業補助金、住宅手当など）は、九三年には対国内総生産比で二四％に達したが、〇二年には一〇％も下がって一三％に削減された。これにより中央政府支出の対国内総生産比は財政再建期間を通じて一〇％も削減されたのである。

以上のように、九〇年代はじめに起きた経済危機後のスウェーデンは、それまでの「結果の平等」路線を大きく修正し、社会保障支出に大鉈を振るって財政再建に成功した。

†スウェーデン型福祉国家は生き残れるか

現在（〇五年）のところ、スウェーデンはＩＴ革命による生産性の向上などにより、三％程度の成長を保っている。しかし、社会保障支出を大幅に削減したとはいえ、他の欧米諸国に比べれば、依然として、社会保障は手厚い。高齢化も進んでいる。その結果、生活の糧を社会保障に依存する人々がますます増大し、福祉国家を維持するためのコストは増大している。このように考えると、長期的に見ると、スウェーデン型福祉国家の前途は依然として多難であり、一層の見直しを迫られる可能性は小さくないと思われる。

第七章

日本の「小さな政府」への挑戦と挫折

第二章で述べたように、七〇年代以降、田中角栄型社会主義政策が広範に展開されるようになって、日本政府は急速に大きくなった。しかし八〇年代に入ると、こうした大きな政府の流れに歯止めをかけ、財政を再建しようとする動きが生まれた。この動きは、八〇年代後半から九〇年代のはじめにかけて、財政収支が黒字に転換し、政府規模の拡大に歯止めをかけるという成果を挙げた。

しかし、大蔵省（現財務省）の赤字国債発行ゼロの悲願達成もつかの間の出来事でしかなかった。九〇年に入ってバブルが崩壊すると、景気は九一年二月を山に後退期に入り、以後、〇一年四月に小泉純一郎内閣が誕生するまで、何度も景気対策としてのケインズ政策がとられるようになった。さらに、高齢化の進展により、社会保障関係費も増大の一途をたどった。そのため、財政収支はふたたび赤字に戻り、国債残高は累増し、いったん拡大に歯止めがかかった政府規模はふたたび増大に転じた。

小泉政権はこうした「大きな政府」へのゆり戻しにふたたび歯止めをかけ、「官から民へ」のスローガンのもとに、「小さな政府」を目指して、行財政改革に取り組んだ。

この章から第九章の三つの章にかけて、こうしためまぐるしい八〇年代から現在までの展開を振り返りながら、今後日本が目指すべき「小さな政府」とはどのようなものかを検討しよう。

1 八〇年代から九〇年代の財政改革

†第二次臨調の「小さな政府」路線

八〇年代に起きた「小さな政府」への流れを主導したのは、八〇年と八三年にそれぞれ設置された臨時行政調査会と臨時行政改革推進審議会（以下、行革審と略す）による数次にわたる答申であった。

これらの答申の精神は、鈴木善幸内閣（八〇年七月〜八二年一一月）から中曾根康弘内閣（八二年一一月〜八七年一一月）、その後一時中断したが、橋本龍太郎内閣（九六年一月〜九八年七月）を経て、小泉純一郎内閣（二〇〇一年四月〜二〇〇六年九月）まで脈々と受け継がれており、小泉改革を理解する上でも重要である。

八〇年に設置された臨時行政調査会は、昭和三〇年代後期にも同名の調査会が設置されたことがあったため、第二次臨調と呼ばれた。第二次臨調の答申も行革審の答申も基本的な路線は同じなので、以下では、両者を区別しない。

第二次臨調が設置されたのは、第一次石油ショック後に成長率が大幅に鈍化する中で、巨額な財政赤字の発生などの困難な財政事情が発生したため、行政の改革・合理化を進めることが政府の重要課題になったからであった。以下では、誤解の恐れがない限り、第二次臨調を単に臨調と呼ぶことにする。臨調が取り組んだ主たる課題は次のとおりである。

①安定成長期への移行を踏まえて、複雑多様化する国民のニーズに対して、行政が限られた財政的、人的資源でもって適切に対処できるように、高度成長期を通じて肥大化した行政の役割を基本的に見直す。具体的には、行政サービスや政府の規制・監督のあり方、官業と民業の役割分担、国と地方の事務配分などが検討課題になる。

②社会経済の変化が激しい今日、行政が真に効率的かつ適正に運営されるように、行政組織や公務員管理などの行政の基盤的な諸制度を改善するための改革を検討する。

†増税なき財政再建と行政改革

以上の検討課題に沿って、臨調答申は行政の目指すべき二大目標として、「活力ある福祉社会の建設」と「国際社会に対する貢献」を掲げ、これら二つの目標を達成するためには、財政再建と行政改革が不可欠であるとし、「増税なき財政再建」を強く主張した。「増税なき財政再建」が最重要課題であるという根拠は次のとおりである。

臨調は高齢化社会の到来と国際的責任の増大を考えると、国民負担率がある程度上昇することはやむを得ないと考えた。しかしその場合でも当時の西ヨーロッパの水準（五〇％前後）よりもかなり低い水準にとどめるべきであり、上昇する場合も、租税負担よりも受益と負担の関係がより明確な社会保障負担に重点を置くべきであると主張した。その論理はこうである。

「今後、年金制度・医療制度等を更に見直し負担軽減を図ること及び適度の経済成長が続くことを前提としても、21世紀の初頭には高齢化社会の進展等により社会保障負担は現在の水準を大幅に上回らざるを得ず、全体としての国民負担率も上昇する結果となると予想される。その場合でも、50%をかなり下回る水準に国民負担率を抑えることを目標とするならば、租税負担率を現状よりも引き上げ得る余地は少ない。したがって、歳出の各分野にわたり徹底的な制度改革の推進が不可欠である」（『日本を変えた10年』、六五六頁）。臨調は「増税なき財政再建」には、既得権に固執して制度改革を阻止しようとする勢力に対抗して、行政改革を進めるテコとしての役割もあると考えた。

臨調が不可欠であるとしたもう一つの改革は、行政改革であった。「明治の富国強兵政策や戦後の経済発展政策は、追いつき型近代化の過程では有効であったが、追いつき型近代化に成功した今日では、民間がその活力を自由に発揮できるように、規制の緩和・撤廃等の措置を徹底する行政改革が不可欠である」と臨調は考えた。こうした行政改革は、租税負担率の上昇を極力抑えながら財政構造を改革することを可能にするとともに、経済の活性化と国際化を強力に推進することにもなるという。

以上からわかるように、二一世紀に入ってから始まった小泉改革の考え方は、すべて臨調答申に見出されるといってよい。

臨調路線とその路線に沿った中曾根内閣の規制緩和は、七〇年代後半から影響力を発揮し出した自由主義の影響を受けていた。その点では、サッチャーやレーガンの改革をはじめとするアングロ・サクソン諸国（オーストラリア、ニュージーランド、カナダなど）を中心とする改革と同じである。しかし、これらの諸国の改革が八〇年代に本格的かつ急速に進んだのに対して、日本では臨調路線がスムーズに政治に浸透することがなく、本格的に政治を動かすまでに一七年もの歳月がかかった。

とはいえ、臨調路線は小泉内閣以前に、中曾根内閣や橋本内閣などの政策にも取り入れられた。そこで次に、小泉内閣以前の内閣の改革の内容を見ておこう。

†中曾根内閣の民営化と八〇年代後半の財政再建

財政再建の必要性は第二次臨調が設置される以前の七〇年代終わり頃から認識されていた。七九年の大平正芳内閣による一般消費税の導入の試みは、増税による財政再建を目指したものであった。しかし、一般消費税導入の是非で争った七九年の衆議院総選挙で自民党は惨敗し、大平首相は一般消費税の導入を断念せざるを得なかった。臨調が「増税なき財政再建」を主張した一因はこの総選挙が示した世論への配慮もあったであろう。

そこで、大平内閣を引き継いだ鈴木内閣は臨調路線に沿って「増税なき財政再建」を目指し、「八四年度特例公債からの脱却」を目標に設定した。特例公債とは、道路などの公共投資のための財源としてではなく、経常経費をまかなうための財源として発行される公債のことで、赤字国債とも呼ばれる。特例公債からの脱却が目標とされたのは次の考え方による。

公共投資によって作られる道路などは将来の世代も利用するものであるから、公債によって財源を調達することに合理性がある。しかし、特例公債は将来世代が利用することがない政府サービスのために発行されるにもかかわらず、公債の利払いと償還などの負担を将来世代に押し付けることになるから、できるだけ発行を避けるべきであるという考え方である。

しかし、鈴木内閣は右の目標を達成できずに、中曾根内閣に道を譲ることになった。中曾根内閣は「九〇年度特例公債からの脱却」を目標に掲げて、財政再建に取り組んだ。その手段は国鉄民営化を中心とする行政改革と歳出削減であった。国鉄民営化が財政再建の手段として選ばれたのは、当時、国鉄特別会計は赤字を垂れ流す多くのローカル線を抱えて、大きな赤字を計上していたからである。

歳出削減の手段は歳出の前年度比伸び率をゼロにする「ゼロ・シーリング」や前年度比伸び率をマイナスにする「マイナス・シーリング」であった。これによって、七〇年代を通じて二ケタ台で増加し続けた社会保障関係費は、八〇年代に入って八八年度を除きその増加率は一ケタ台に抑制され、公共事業費も削減されるか、増やす場合にも増加率は一ケタ台に抑制された。

こうした歳出削減の努力が実って、八七年度には国、地方に社会保障基金を含めた財政収支は黒字に転換し、九〇年度から九三年度までの三年間は、特例公債の発行もゼロになった。

しかし、財政収支が黒字に転換した要因は歳出削減だけではなかった。むしろより大きかったのは、バブル景気によって税収が増税なしに大幅に増えたことであった。八五年度から九〇年度の平均的な税収の伸び率は一〇%にも達したのである。

中曾根内閣が果たした大きな構造改革は、日本電信電話公社（電電公社）の民営化と電気通信業の規制緩和及び日本国有鉄道（国鉄）の民営化であった。

電電公社は八五年四月に民営化されてNTTになった。それと同時に、電気通信事業への新規参入を可能にする規制緩和が実施され、八七年には長距離電話に民間三社（新電電と呼ばれる、第二電電、日本テレコム、日本高速通信の三社）が参入し、長距離電話の分野でサービス・値下げ競争が始まった。

八七年四月には、国鉄が民営化されて六つの旅客鉄道会社（JR）と日本貨物会社に分割されるとともに、それらが営む事業についても規制が緩和され、JRは駅構内でコンビニや旅行代理店を営業できるようになった。

電電公社と国鉄が民営化されたのは、経営を効率的にするためであったが、国鉄の民営化の場合は次の事情も大きかった。

民営化前の国鉄は巨額な赤字を抱え、政府はその赤字を税金を投入して埋めてきた。したがって、国鉄の赤字は納税者にとって大きな負担であった。とくに、地方では、鉄道輸送需要が大きく減少したため、一円の収入を得るのにその何倍もの費用がかかるといった路線が少なくなかった。地方の路線の需要が大きく減少したのは、高度経済成長に伴って、多くの人々が地方から東京を中心とする都市に移動したからである。

しかし、地方の国鉄が大赤字を抱え、納税者の負担が増大しても、赤字路線を廃止して、バスで代替するといった改革は、政治的に難しく、長い間ほとんど進展しなかった。それは、「どんなにお金がかかっても、地方に住む人々に鉄道という足を確保すべきだ」という考え方が、政治の上で大きな力を持っていたためである。

しかし国鉄の赤字があまりにも巨額になれば、いつまでも納税者に負担を求め続けることは困難であった。そのため、国鉄はとうとう八七年四月に、中曾根内閣によって、国鉄労働組合などの大反対を押し切って、民営化されたのである。

†平成の長期経済停滞と国債残高の累増

九〇年度予算で、中曾根内閣の「特例公債発行ゼロ」の目標は達成されたが、財政再建はつかの間の出来事であった。

九〇年に入るとバブルが崩壊し、景気は九一年二月を山に後退期に入った。そのため、政府は九二年度と九三年度の公共事業費を前年度比三〇%と四二%も拡大した。ケインズ政策による景気対策が発動されたのである。その後も、景気回復が不十分だったため、九六年度まで六回にわたる景気対策が採られ、公共事業費も一二兆円から一三兆円台に維持された。

こうした景気対策により、九六年度の成長率は二・六%まで回復した。この回復を見て、橋本内閣は財政再建を目指して、九七年度に消費税の税率を三%から五%に引き上げるとともに、公共事業費の前年度比一〇%の削減に踏み切った。

しかし、日本経済はこの財政引き締め政策に耐えられるほど回復しておらず、景気は消費税増税の翌月の九七年五月にはピークをつけ後退し始めた。

景気が後退し始めていたといっても、それは後から分かることで、政府はそれに気がつかなかった。橋本内閣と大蔵省は九二年以降の景気対策によって拡大した財政赤字と累増した国債残高に強い危機感を持っていたから、九七年四月に消費税を増税しただけでなく、九七年一一月には財政構造改革法を成立させた。この法律では、財政赤字の対国内総生産比を三%以下にするとともに、〇三年度に特例国債の発行をゼロにするという財政健全化目標が示された。

しかし皮肉にも、財政構造改革法が成立したまさにその月に、三洋証券、北海道拓殖銀

図 7-1　各国の政府長期債務残高の対国内総生産比

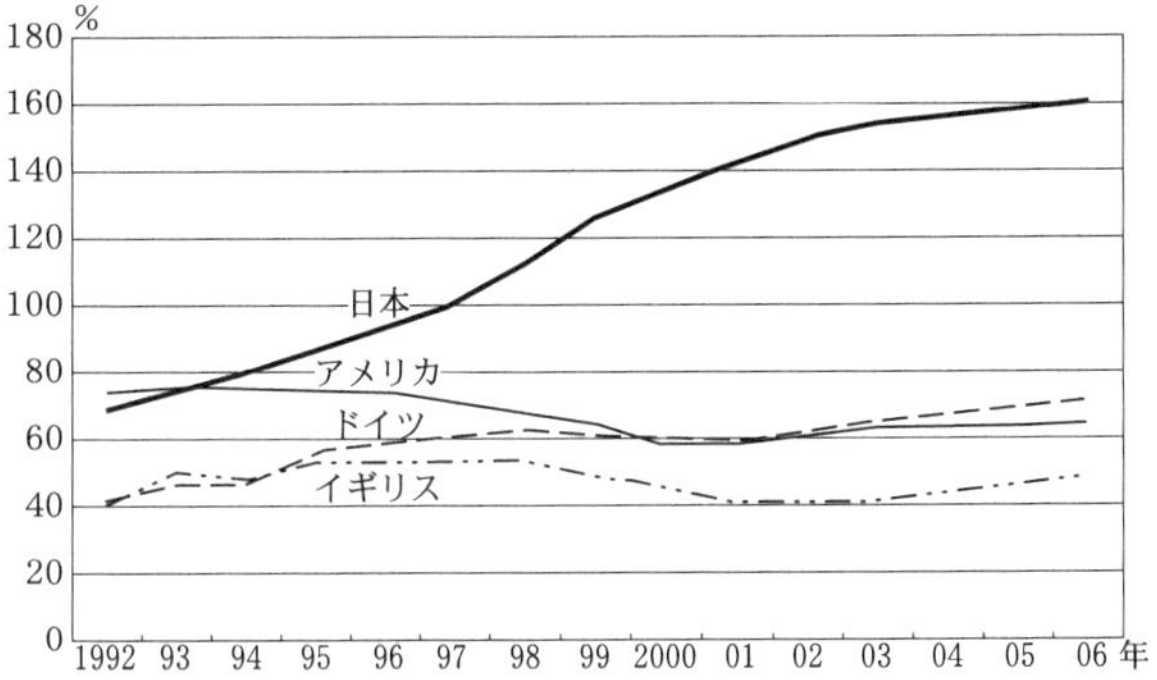

（資料）財務省『日本の財政を考える18年度版』財務省ホームページ

行、山一證券と立て続けに三件も大きな金融機関が破綻するという、前代未聞の事件が発生した。

大型の金融破綻の発生、さらなる景気の悪化と選挙の敗北の責任を取って、橋本内閣は九八年七月に小渕恵三内閣に政権を譲った。小渕内閣は景気浮揚のためふたたび積極財政に転じ、九八年一二月には財政構造改革法を破棄し、恒久減税や公共事業費の増加などのケインズ政策を採用した。

景気が悪くなれば、所得が減り、経済活動も低下するため、所得税と法人税を中心に税収が大きく落ち込む。そのため、景気対策として政府支出を増やせば、どうしても財源が不足し、公債発行に頼らなければならなくなる。その結果、〇五年度末には国の公債残高は国内総生産とほぼ同じ五三七兆円に達した。国は公債発行以外の方法でも借金をしており、地方政府も借金をしている。これら国と地方のすべての長期債務の残高を合計すると、〇六年度末の対国内総生産比は一六〇％に達すると見込まれ、財政破綻の危機が指摘されるようになった（図7-1参照）。

2 八〇年代後半から九〇年代の税制改革と規制緩和

†竹下内閣による税制改革

以上のように、八〇年代以降、小渕内閣と森内閣を除くと、歴代内閣は財政再建を目指したが、度重なる景気後退に直面して積極財政を取らざるを得ず、財政再建は先送りされた。

しかし中曽根内閣以降も、小泉政権が誕生するまでの間、税制と規制については大きな改革がなされた。まず、税制改革から見てみよう。

八九年四月に、中曽根内閣を引き継いだ竹下内閣により、三％の消費税が導入された。この税制改革では、同時に、所得税、譲渡益税及び法人税も改革された。

まず所得税であるが、八七年の中曾根税制改革前は、一〇・五〜七〇％の一五段階の累進税率が適用されていた。中曾根内閣はこれを一〇・五〜六〇％の一二段階に改めたが、竹下内閣はそれをさらに一〇〜五〇％の五段階にし、税率の累進性を緩和した。これはサッチャー改革やレーガン改革と同じ自由主義の立場に立った改革であった。

竹下税制改革では、さらに所得税の基礎控除、配偶者控除、扶養控除及び配偶者特別控除を引き上げたため、夫婦子供二人のサラリーマン世帯は年収七〇〇万円くらいまでは最低税率の一〇％が適用されることになった。個人住民税も所得税と同じような減税措置がとられたから、サラリーマンの所得税・住民税はかなり緩和された。

一方、三％の消費税の導入は、第三章で紹介した支出税の立場から支持される税制改革であったが、食料品などの生活必需品にも課せられたため、低所得者層の税負担が重くなるという、逆進性の問題が生じた。

このように、所得税が減税され、消費税が導入されたのは、サラリーマンの重税感を緩和して、サラリーマンと農林業従事者や自営業者との税の不公平を是正するためであるといわれた。

当時、サラリーマンは税務署に所得を完全に把握されて課税されるのに、自営業者や農家は所得のごく一部しか把握されず、税金を逃れているという、徴税上の不公平があると考えられていた。政府・大蔵省や政府税制調査会は、こうした徴税上の不公平を是正するためには、所得税のような直接税の比重を小さくして、代わりに消費税のような間接税を導入すべきであると考えた。消費税ならば自営業者も農林漁業従事者も消費する限り納税することになるから、かれらの脱税を防止できるというのである。そこで、この考えに基づく税制改革を直間比率の是正という。

†橋本内閣の行政改革と規制緩和

九六年末に誕生した橋本内閣は「六つの改革」を掲げた。六つの改革とは、行政改革、財政構造改革、持ち株会社の解禁や需給調整を理由とする参入規制の撤廃等の規制緩和を含む経済構造改革、金融システム改革、医療・年金・介護等多岐にわたる社会保障改革、国民一人ひとりの個性や創造性を尊重する教育改革である。

ここでは、行政改革と規制緩和を取り上げよう。まず、行政改革については、橋本首相（当時）は「省益、特定業界の利益を排除して、真に国民的で大胆な改革案を作る」として、自らが会長を務める行政改革会議を設置した。この会議の目的は、「肥大化・硬直化した戦後型行政システムを根本的に改め、自由かつ公正な社会を形成するために、簡素・効率的・透明な政府を実現する」ことにあった。小泉政権は〇三年の「小泉改革宣言―政権公約2003」で、「簡素で効率的な政府」という言葉を使い始めたが、それは橋本行政改革会議の宣言を踏襲したものである。

橋本行政改革会議が示した省庁再編は〇一年一月から実施に移されたが、同会議の最大の貢献はその後の「内閣・官邸機能の抜本的拡充・強化」を可能にしたことである。この考え方にたって、〇一年の省庁再編では、内閣・官邸機能の強化のために経済財政諮問会議が内閣府のもとにおかれ、小泉首相によって縦横無尽に活用されることになった。

規制改革も橋本内閣の重要な貢献の一つであった。〇六年現在に至るまでの規制緩和は、橋本内閣のもとに九四年一一月に設置された行政改革委員会（以下、行革委）と行革委がその目的の遂行のために九五年四月に設置した行政改革委員会規制緩和小委員会（以下、規制緩和小委）を出発点としている。著者もこの規制緩和小委のメンバーの一人であったので、それが果たした機能を説明しておこう。

行革委は、許可や認可などの行政による民間活動の規制の改善に関して、「監視」し、「意見」を総理大臣に述べる。総理大臣は行革委のこの「意見」を尊重しなければならないが、行革委がこの「意見」への対応を適切でないと判断した場合には、総理大臣等に「勧告」する権限が与えられた。これらの行革委の機能・権限のうちで最も重要なのは「監視」機能である。それまでは、政府の審議会等には「監視」機能が無かったため、「意見」は言いっぱなしで終わってしまった。すなわち、「意見」がどのように実際の行政に取り入れられたかを「監視」し、その上に立って、「勧告」し続ける機能がなかったのである。官僚は外部から監視されなければ、意見を聞くだけでよく、「見直す」といえばそれで済ませることができる。ちなみに、「見直す」とは「何もしない」という官僚用語である。

規制の状況を監視するために、専門的な調査と検討を担ったのが、規制緩和小委であった。規制緩和小委が提言した規制緩和のうちで、実際に実現したものは多い。主なところをあげておくと、株式売買委託手数料の自由化、銀行の投資信託の窓口販売、損害保険料率の自由化などの「金融ビッグ・バン」、タクシー等の運輸分野での需給調整の廃止を宣言した「運輸版ビッグ・バン」、持ち株会社とストック・オプションの原則解禁、有料職業紹介の対象業種と労働者派遣業務の原則自由化による労働市場の流動化の支援、大店法の廃止、コンビニ等でのドリンク剤の販売の自由化、定期借家権の創設による借家市場の拡大、大都市での容積率規制の緩和（この規制緩和によって、東京都を中心に超高層ビルの開発が進んだ）、工業（場）等制限法の規制緩和、車検制度の規制緩和などである。

以上の規制緩和項目は橋本内閣の六つの改革の課題と重複していることがわかるであろう。実際に、この時期に大きく進展した規制緩和は、官邸と行革委（規制緩和小委を含む）

の二人三脚で進められたのである。

規制緩和を進める上で、大きな働きをするのは首相のリーダーシップである。著者はこのことを規制緩和小委の参与として参加したときの経験で痛感した。九六年当時、規制緩和の中で最も進みそうになかった分野は、金融・証券であった。金融・証券分野の規制を担当していた官庁は大蔵省（現財務省）だったが、大蔵省の規制緩和に対する抵抗は激しく、規制緩和小委の緩和要求をことごとくはねつけた。大蔵省の回答に著者を含めて規制緩和小委のメンバーは暗澹たる気分に陥った。ところが、ある日事態は一変し、ほとんどの緩和要求が通ってしまったのである。橋本首相が金融ビッグ・バンを進めると宣言し、金融・証券の抜本的規制緩和にお墨付きを与えたからであった。

規制緩和小委は三年間でその任務を終えたが、それ以後も名前を変えて、規制緩和小委と同じように規制緩和あるいは規制改革を担う委員会が小泉内閣まで存続し、政府に規制改革を提言し続けてきた。

橋本内閣は消費税増税によってせっかく回復した景気を台無しにしてしまい、日本経済を金融恐慌の崖っぷちまで追い込んだとして、悪評紛々である。しかし、同内閣は六つの改革構想とその構想に基づく規制緩和の推進や官邸機能の強化など、小泉構造改革を可能にする機関（経済財政諮問会議）を作るとともに、改革の基本路線を築いた内閣として評価できるのである。

そこで次章では、第二臨調に沿った橋本政権の改革を継承・発展させた小泉改革の意義を検討しよう。

第八章　小泉改革

　橋本内閣の財政再建と行政改革は、九八年のマイナス成長とそれをケインズ政策で乗り切ろうとした小渕内閣の誕生によって頓挫してしまった。しかし、小渕内閣も二〇〇〇年四月に小渕首相の急逝により総辞職し、一年間の森喜朗内閣を経て、〇一年四月には小泉純一郎内閣が誕生した。

　小泉首相は初閣議で「構造改革なくして景気回復なしとの認識のもと社会経済構造改革に取り組み改革断行内閣とする」と決意を表明し、「構造改革を通じた回復には痛みが伴う」として、小渕内閣がとったケインズ政策路線からの決別を宣言した。〇三年には、「小泉改革宣言―政権公約２００３」で、「簡素で効率的な政府」を目指すと、「小さな政府」への転換を明確に宣言した。

　この章では、小泉内閣の改革の精神と実際に実施された構造改革を紹介し、その問題点と今後の政府のあり方を検討しよう。なお、小さな政府へ向けた改革に伴う「格差」とそれに対する政策のあり方については、第九章で考えることにする。

1 公共事業の改革と規制改革・民営化

†公共事業の縮小と重点化政策

小泉構造改革の中で最も際立っているのは、公共事業費の大幅削減である。小渕内閣で一〇兆円台に増加した公共事業費は、〇二年度以降は減少傾向をたどり、〇六年度には七兆円台へと八〇年代前半の規模にまで縮小した。この期間の減少率は三割以上に達した（図2-1、三七ページ参照）。

日本の公共事業の地域配分効果を分析した研究によれば、七〇年代以降、公共事業は地域間の所得格差を是正するために、社会資本の生産性引き上げ効果の小さな地方に多く配分され、地方でも、所得水準が低い地方ほど配分が大きくなったという。

このような七〇年代の公共事業の地方への傾斜配分は、経済成長率が七〇年代に六〇年代の半分以下に低下した一因になったと考えられる。

公共事業には、「同じような事業が複数の役所が実施することによる無駄の発生」と「道路整備、下水道整備、農業農村整備などの配分シェアの固定化」という問題もあった。小泉内閣はこれらの問題の解消にも取り組んだ。

第一の公共事業の無駄の発生とは、次のようなものである。例えば、汚水処理施設整備に関する補助事業には、下水道、集落排水、浄化槽といった類似の事業があるが、複数の役所がそれぞれ別々に実施するために、事業間の予算を融通して、汚水処理施設を効率的・一体的に整備することができない。これは縦割り行政の非効率性を象徴している。

そこで〇五年度の予算では、これらの補助金を一つに統合し、省庁の枠を超えた交付金制度を創設し、内閣府の予算として一括計上することとした。この交付金制度の創設によって、市町村は事業の進捗状況に応じて事業間の予算を融通しあったり、事業量を変更したりすることができるようになるため、地方の自主性・裁量性の格段の向上が期待される。

第二の公共事業のシェアの固定化に関しては、小泉内閣は重点四分野（人間力の向上・発揮、魅力ある都市と地方、高齢化・少子化対策、循環型社会の構築）への重点的配分に取り組んだ。例えば、〇五年度予算では、大都市圏拠点空港整備事業費を増やす一方で、その他の一般空港整備事業費は一〇％近く減らした。道路整備についても、三大都市圏の環状道路は一四％増やしたが、逆に、一般道路の改築（バイパス・拡幅）は一四％減らした。

また、これまでシェアの高かった農村整備事業費は二割以上削減した。

以上のように、小泉内閣が公共事業にかかわる問題点の解消に取り組んだことは高く評価できる。

†小泉内閣の規制改革

それでは、橋本内閣から始まった本格的な規制緩和はどうなったであろうか。小泉内閣で規制緩和政策を担ったのは、〇四年三月までは、橋本内閣時代の規制緩和小委の後継である総合規制改革会議、〇四年四月からは規制改革・民間開放推進会議であった。なお、総合規制改革会議以降、規制緩和に代えて規制改革という言葉を使うようになったので、以下では、規制改革で用語を統一する。

総合規制改革会議等による規制改革の大きな特徴は、つぎの二つである。

第一は、経済的規制の緩和に加えて、これまで規制改革の対象外におかれてきた社会的規制の改革に取り組んだことである。社会的規制とは「消費者や労働者の安全・健康・生活環境の保全などの社会的目的を達成するための規制」をいう。具体的には、教育、医療、福祉、運輸・交通などにおける規制や検査・検定などの安全規制の改革である。しかしこの分野では、同会議が意見を述べるにとどまっており、いまだ見るべき改革は実現していない。

第二の特徴は、特区制度による規制改革という手法を導入したことである。これは特定地域に限定して規制を改革し、その成果を見て全国的な規制改革につなげることを目的にしている。

政府は〇四年度から地方自治体からの特区提案の受け付けを開始した。構造改革特区の第一号認定は、群馬県太田市の英語教育特区校「ぐんま国際アカデミー」であった。この学校は英語で教える小中高一貫校である。それ以降、岡山県の「株式会社立中学校」など構造改革特区を活用するユニークな学校が全国に次々に誕生した。

しかし、省庁の反対で実現しない特区提案や、せっかく実現しても条件が厳しすぎて適用例がゼロの特区も存在する。一番多いのは、申請した規制緩和のうち一部の緩和しか認められないために、実現しないケースである。

以上から判断すると、構造特区といった迂回的手法よりも、社会的規制改革に直接大胆に切り込んだほうが、改革のスピードは格段に速くなると思われる。

以上のように、小泉内閣の規制改革は橋本内閣時代に提示されたものがほとんどで、新たな改革のスピードはそれ以前よりも遅くなり、これまでのところここで紹介するほどの大きな成果を挙げた改革は実施されていない。小泉政権独自の規制改革が進まない理由としては、経済的規制よりも、安全・健康などに関わる社会的規制の改革に対しては、その規制により保護されている業界や担当官庁の抵抗が極めて強いことが考えられる。すでに述べたように、規制改革を進める上で重要なのは首相のリーダーシップである。社会的規制の改革に関して、小泉首相に郵政民営化ほどの熱意がないことも、改革が進まない大きな理由であろう。

†期待される市場化テスト（官民競争入札）

規制改革で今後期待されるのは、〇六年五月に成立した「公共サービス改革法」（通称、市場化テスト法）に基づく市場化テストであろう。

市場化テストとは、これまで「官」が独占してきた「公共サービス」について、「官」と「民」が対等な立場で競争入札に参加し、価格・質の両面で優れている者がそのサービスの提供を担う制度であり、官民競争入札制度ともいう。この制度の導入により、公共サービスの質が向上するとともに、経費が削減されると期待されている。

市場化テストは〇五年度に公共職業安定所や社会保険庁の業務の一部についてモデル事業として導入された。市場化テスト法は今後市場化テストを本格的に推進していくための法律である。

市場化テストはイギリス、オーストラリア、アメリカなどですでに導入され、一定の成果を挙げている（以下、海外の市場化テストの記述は、本間正明監修・著『概説市場化テスト』〔NTT出版〕に基づく）。第五章2節で述べたように、イギリスでは八〇年代に、サッチャー首相により強制的競争入札制度が導入された。ブレア政権は「官民ともに価格競争に陥り、サービスの質が確保されなかった」という理由で、強制的競争入札制度を廃止した。しかし、これは官民競争の強制的側面を排除したものであって、担当大臣が民間のほうが低コストで、より質の高いサービスを提供できると判断した場合は、民間にサービスの提供をゆだねるという原則は維持されている。

市場化テストを導入しているその他の国には、アメリカとオーストラリアがある。アメリカでは、八〇年代以降、市場化テストが地方自治体レベルで進められ、九〇年代以降は連邦政府でも取り入れられるようになった。とくに、インディアナポリス市のゴールドスミス市長は熱心で、市長の任期期間中（九二年から九九年の八年間）に、累計四億ドルの財政負担の削減に成功した。

オーストラリアでは、九五年に市場化テストが導入された。市場化テストが使われる割合が多いサービスは、派遣業務、プログラム・サービス、ITサービス、研修・教育、ビルの管理・維持、法務サービス、清掃、医療・介護などである。官民競争の結果、連邦政府レベルでも地方自治体レベルでも、ほとんどNPOを含む民間が落札している。

市場化テストの導入に当たって最も問題になるのは、公務員の雇用である。

海外の事例では民間が落札した場合は、職員は配置転換されるか、退職制度により退職するか、民間の落札者に雇用されるかのいずれかである。職員が定年前に退職するときには、特別の退職金を受け取ることができる。

†小泉内閣の民営化

小泉首相といえば、首相になる前から、郵政三事業（郵便、郵便貯金、簡易保険の三事業）の民営化論者で知られていた。しかし、首相になってまず着手したのは郵政事業の民営化ではなく、住宅金融公庫の住宅ローンの縮小・廃止とその独立行政法人化であった。

住宅金融公庫は融資を減らす一方、独立行政法人になる前から、住宅ローンの証券化業務を民間銀行と共同で開発し、その業務を拡大している。これにより住宅ローンに関して民間との補完関係が築かれつつある。

次に、高速道路公団が〇五年一〇月に民営化された。しかし、国土交通省の息のかかった諮問機関が建設が適当であると判断すれば、国は民営高速道路会社の債務返済を保証しつつ、民営高速道路会社に道路を建設させることができることになった。そのため、今後も採算の合わない高速道路を建設し、赤字を垂れ流すという従来のパターンが繰り返される可能性がある。そうなれば、何のための民営化かということになってしまう。

次に、郵政民営化であるが、自民党守旧派との妥協の産物で、真の民営化とはいえないものになってしまった。

第一に、政府は郵政民営化前から郵政公社に高収益部門への進出を認めて民業圧迫・拡大路線をとることを可能にしている。しかし、郵政公社の事業は法人税などの税負担を免除されたり、軽減されたりして成り立っている。

郵政公社は税金の免除などの優遇措置を受けたままで、〇五年一月から、米国などの反対を押し切って定期付き終身保険の販売を開始した。

さらに、郵政公社はゆうパックの取り扱いでローソンと提携して同事業の拡大を目指している。ゆうパックは税金の免除に加えて、はがきや手紙の信書便での独占利益があるため、価格を宅配便よりも低くできる。これでは、宅配便の横綱のヤマト運輸といえども苦戦を強いられるであろう。

信書便の独占利益は、都市部では料金が配達費用を上回るように設定されていることによって生まれる。その分、都市の住民は損をしているのである。

郵政公社は信書便の全国ネットワークを利用して、国際物流にも進出しようとしている。

そうした状況を踏まえて、公正取引委員会は〇六年四月に、全国的な郵便ネットワークを持つ郵政公社の「不公正な取引によって、市場での公正な競争が阻害される恐れがある場合や、競争業者を市場から排除し、又は他の事業者を支配することによって、競争を実質的に制限する場合は、独占禁止法に違反することとなる」（公正取引委員会『「郵政民営化関連法律の施行に伴う郵便事業と競争政策上の問題点について」に対する意見募集について』〇六年四月二一日）と警告した。

さらに、衆・参両院の郵政民営化法案の修正を受けて、民営化移行完了の二〇一七年三月を過ぎても、政府が三分の一超を出資する持ち株会社は、民営郵貯・簡保二社の株式を持ち続けることができる。これにより、郵政・郵便・簡保の一体経営が可能になる。これでは、最終的には、郵貯も簡保も国の保護の下で、民間よりも有利な安全資産になってしまう。

政府系金融機関については、小泉首相が〇五年夏の衆議院選挙に大勝すると、八〇年代以降の民営化を含めた再編成・統合阻止の陣営は、たちまち力を失ってしまい、日本政策投資銀行と商工組合は民営化し、中小企業金融公庫や国民金融公庫などの四公庫は、一つの政府系金融機関に統合することになった。

日本政策投資銀行の民営化は当然の措置で、遅すぎた民営化である。一つに統合される新政府系金融機関（以下、新機関と略す）も民間金融機関と競合することが多く、民業圧迫の可能性が高い。政府は融資残高の対国内総生産比を〇八年度末までに半減させるとしているが、日本政策投資銀行の民営化と公営企業金融公庫の地方移管が実現すると、それだけで半減目標は達成されてしまう。したがって、新機関が発足後融資を増やす懸念は払拭されない。

2　財政改革

†国の財政再建政策

日本の財政再建問題は地方財政を含めて、八〇年代以来の課題である。八〇年代終わりから九〇年代初めの一時期、政府は財政再建に成功した。しかし、その後の長期にわたる経済停滞で、財政赤字は拡大し、国と地方の長期債務残高の対国内総生産比は一六〇％（〇六年）に達している（図7-1。一七七頁）。

政府は〇六年七月に小泉政権としては最後の「骨太方針」を発表し、「歳出・歳入一体改革」を進めて、二〇一一年度には国と地方で基礎的収支（借入を除く税収等の収入から

「過去の借入に対する元利払いを除いた歳出」を差し引いた収支）を黒字にすることを目指すとしている。歳出削減対策の一つとして、今後五年の間に国家公務員（郵政公社職員を除く）を五・七％以上、地方公務員も国家公務員と同程度削減するという。

これまでの歳出削減の実績としては、〇六年度の国と地方の一般歳出をそれぞれ〇二年度よりも二％と六％削減したことがあげられる。こうした歳出削減の努力により、基礎的収支の赤字は〇二年度の五・七％から〇六年度は二・八％へと大きく低下すると見込まれている（〇六年一月現在の予測）。

財政再建の手段としては、歳出削減と税収の増加とが考えられるが、これまで財政再建に成功した国の経験からすると、歳出削減によるものが七割で、残り三割が増税によるとされている（第六章のスウェーデンのケースを参照）。「骨太方針二〇〇六」では、増税の比率を三割以下に抑えようとしている。

財政再建のための増税を最小限に止めるためには、名目成長率を引き上げて税の自然増収を増やす必要がある。名目成長率は実質成長率とインフレ率の合計である。そのうちの実質成長率を引き上げるには、構造改革を進めて生産性を引き上げることが必要条件である。一方、最近一二、三年の主要国の経験は、金融政策によってインフレ率を二％前後で安定化させることに成功すれば、構造改革により高まった潜在成長率（当該の国が潜在的に持っている実質成長率の上限）を実際の実質成長率として実現できることを示している（第九章3節参照）。

現在（〇六年）、一％後半と考えられている潜在成長率を構造改革によって少なくとも二％半ば程度まで高め、金融政策によってインフレ率を二％程度に安定的に維持することに成功すれば、名目成長率は四％台半ばに上昇する。そうなれば、消費税増税などの増税を最小限に止めつつ、財政再建が可能になるであろう。

†人口の少ない地方を優遇する地方交付税制度

もう一つの財政改革である地方財政改革については、地方分権推進の立場から、三位一体改革が始まっている。

地方財政の問題は、基本的には、行政サービスの受益者と負担者とが大きく乖離することによって生じている。ここでは、そうした乖離をもたらす最も大きな要因である地方交付税制度の問題点と改革の方向を考えてみよう。

地方交付税制度は地方自治体（都道府県と市町村）の財源不足を補塡する制度である。この財源不足は次のようにして計算される。まず、地方自治体が標準的な行政を行うために必要な金額を算定する。これを基準財政需要額という。次に、地方税のように使い道が制限されていない一般財源を算定する。この一般財源を基準財政収入額という。基準財政需要額と基準財政収入額との差がプラスであれば、その差が財源不足になる。

地方交付税制度とは、財源が不足する地方自治体に国が地方交付税を配分して、その財源不足を埋める制度である。これにより、財源が不足する地方自治体でも標準的な行政を行えるようになる。地方の財源不足を穴埋めするためには財源が必要になるが、それは所得税・法人税・酒税など国税五税の一定割合である。

しかし、実際はこれまで、地方交付税は基準財政需要額と基準財政収入額の差で決まってきた。この差が国税五税の一定割合よりも大きい場合は、国の借金で穴埋めしてきた。そこで、基準財政需要額と基準財政収入額の算定方法の妥当性を検討しよう。

〇二年度の基準財政需要額は歴史的に見て最大であったが、九一年度の一・五倍に達した。その後は減少し、〇四年度の基準財政需要額は九一年度の一・四倍まで縮小した。しかし、〇四年度の国の一般歳出（国の財政支出総額である歳出から地方交付税と国債費を引いたもので、国が政策費として使える金額）が九一年度の一・二倍にとどまっていることを考慮すると、この基準財政需要額は大き過ぎると考えられる。基準財政収入額を所与とすれば、基準財政需要額が大きくなれば、地方交付税もそれだけ膨らむことになる。

基準財政需要額とは標準的な行政を行うために必要な額であるが、今日では、ほとんどの地方自治体でナショナル・ミニマムの行政サービスが供給されている。したがって、高齢化による福祉サービスの増大などの要因を考慮したうえで、その増加は消費者物価上昇率の範囲にとどめられるべきであろう。

それでは、なぜ基準財政需要額は過大に算定されてきたのであろうか。その一つの理由は地方交付税による過剰なまでの地域間財政調整である。地方交付税が交付されない都道府県（不交付自治体という）はかなり以前から東京都だけである。市町村では、〇五年度の不交付自治体数は全市町村の六％でしかない。

ほとんどの地方自治体が交付自治体であるのは、一つには、基準財政需要額を大きく算定し過ぎるためであるが、もう一つには、地方自治体独自の財源が不足しているためである。国と地方の歳出の比が二対三であるのに対して、国税と地方税の比は三対二である。このように地方は歳出面では国よりも多いにもかかわらず、税収面では国よりも少ない。

過剰な地域間財政調整を象徴しているのは、都道府県別の一人当たり地方税と一人当たり一般財源の逆転現象である。例えば、〇四年度についてみると、一人当たり地方税では下位に属する島根県は、地方交付税を加えた自由に使える一人当たり一般財源では全国トップである。また、鳥取県は、一人当たり地方税は島根県よりもわずかに多い程度であるが、地方交付税交付後の一般財源では全国三位である。

一方、大阪府、静岡県、千葉県、埼玉県、福岡県などは、一人当たり地方税は島根県よりも二五%程度多いものの、地方交付税の配分が少ないため、一人当たり一般財源では島根県の四割でしかない。

行政サービスには人口が少ないほど、一人当たり経費が高くなるものが少なくない。したがって、島根県や鳥取県のように人口の少ない県では、標準的な行政サービスを確保しようとすると、基準財政需要額は大きくなり、一人当たり地方交付税の配分もそれだけ多くなる。しかし、大都市やその周辺では、地価が高いから、道路をはじめとする土地を必要とする公共事業費は高くなる。このように考えると、島根県や鳥取県の一人当たり地方交付税が大阪府や千葉県の六倍から七倍にも達するのは行き過ぎた財源調整であるといえよう。

こうした過剰な地方交付税による財源調整が行われるのは、人口の少ない地域の基準財政需要の算定を優遇し過ぎるからである。この優遇措置は人口移動を妨げ、人口の地域配分を固定化する。そのため、かえって財源不足自治体が多くなり、必要な地方交付税額も大きくなってしまう。

第二章で示したように、生産性の低い地域への人口配分の固定化は、経済成長率を引き下げるため、税収が伸びず、地方交付税などの地域間格差を是正するための財源そのものを枯渇させてしまう。

さらに、人口の少ない地域への地方交付税配分の優遇措置は、地方自治体が人口を増やそうとする努力や市町村合併により人口を増やして、行政サービスの効率化を図ろうとするインセンティブも奪ってきた。

†地方交付税配分の恣意性

基準財政需要額を膨張させてきたもう一つの要因は、地方交付税の配分方法の恣意性である。基準財政需要額の算定には、費用項目や単位費用や補正係数などが考慮される。これらの算定のための基礎は、国の政策方針の変更を反映して、変更されたり、考慮される費用項目が追加されたりしてきた。例えば、事業費補正の変更により、次のような問題が生じた。すなわち、九〇年代には、地方では景気対策のための公共事業計画が増大したが、地方にはその財源がなかった。そこで、国は基準財政需要を算定するときの事業補正係数を変更し、総務省の認めた事業については、地方が地方債を発行する場合、将来発生する元利償還費の一定割合を基準財政需要額に含め、地方交付税による元利償還を保証することにした。

そのため、地方自治体は地域住民にとっては優先順位が高くなくても、国が元利償還財源を保証してくれる公共事業を進めて、地域の土木建設業者に仕事を与えるようになった。このようにして、無駄な公共事業が主として東京都のような大都市の住民が負担する国税で実施されることになったのである。

地方交付税は本来地方が自由に使える財源である。ところが、右に述べたように、中央の省庁が地方交付税を補助金化して、地方をコントロールしようとしている。これでは、地方分権は絵に描いたもちになってしまう。

†地方交付税の負の効果

以上のような地方交付税による地域間財政調整は、七〇年代以降支配的になった「結果の平等」を目指す政策の一環として採られた政策である。この政策によって、地域間の行政サービスの格差は大きく縮小した。それればかりか、人口の少ない地方の道路や公園や公立保育所などのサービス水準が、東京圏の都市よりも高くなったケースも少なくない。しかし、こうした「結果の平等」を目指す政策は、次の二つの問題をひき起こした。

第一は、日本全体の生産性と経済成長率の低下を招いたことである。七〇年代以降の行政サービスの地域間格差の縮小は、同じく「結果の平等」を指向したその他の経済政策(第二章参照)による所得格差の縮小とあいまって、生産性の低い地域から生産性の高い地域への人口移動を止め、結果として、福祉国家の糧である経済成長率の低下を招いた。

第二は、交付自治体の住民は自分たちで税金を負担しなくても、標準的あるいはそれ以上の行政サービスを享受できるようになったため、行政サービスの利益が費用を上回っているかどうかについて無関心になってしまったことである。そのため、自分たちが税金で負担しなければならなかったならば反対したと思われる公共事業などを支持したり、国からそうした事業をとってくる国会議員や知事を選挙で選んだりするようになった。

このように、行政サービスの受益者と費用の負担者とが乖離すれば、住民の行政サービスの要求水準が過大になることは避けられない。

†地方分権のための地方財政改革の原則

右では、地方交付税の問題点を検討した。そこでここでは、その検討を踏まえて、住民が他の地域の住民の負担にただ乗りして、過剰な行政サービスを消費したり、行政サービスの提供に当たって無駄が生じたりしないようにするための改革を考えよう。

まず、地方自治体の歳入構成比であるが、地方独自の財源である地方税は三六%に過ぎない。使途が限定されない補助金である地方交付税が一八%、使途が限定される国からの補助金である国庫支出金が一三%で、合計で三一%になる。これ以外の歳入のうちの大きなものは地方債の一三％である（以上は、〇四年度の数字）。

この財源構成比に現れているように、これまで地方自治体は行政サービスを提供するための財源の多くを国に頼ってきた。そのため、行政サービスの受益者とその費用の負担者とが乖離し、無駄や非効率が発生してきた。

一方、個々の国庫支出金の配分を担当する中央官庁は、地方自治体に国庫支出金の使い方を細々としたことまで指導して、地方が独自の行政サービスを提供することを妨げてきた。この章の1節で述べたように、各省庁が同じような補助金制度を持っているため、同じ地域に同じような公共施設が複数建設されるといった非効率も発生してきた。現在は、ようやく、こうした非効率を是正するために、一括補助金制度が少しずつ導入されている段階である。

以上を要約すれば、これまでは、行政サービスを提供するに当たっての地方自治体の権限が小さく、中央集権的だったということである。しかし、ほとんどの地方自治体でナショナル・ミニマムの行政サービスが提供されるようになった現在は、国が地方自治体をいちいち指導して、行政サービスの量と質を確保する必要はない。地方の住民が必要としている行政サービスも全国一律ではなくなっている。こうした状況では、地域住民に近い地方自治体、中でも市町村が行政サービスの優先順位を決定する主体にならなければならない。すなわち、中央集権制から地方分権制への改革である。

複数の地方自治体がそれぞれ異なる行政サービスと異なる税負担を提案して競争するようになれば、住民は居住地を移動することによって、自分に望ましい行政サービスと税負担の組み合わせを提供する地方自治体を選択できるようになる。すなわち、第三章2節で述べた住民の「足による投票」の可能性が拡大し、住民の満足度も高まるであろう。

こうした地方自治体間による住民獲得競争を可能にするためには、地方自治体は独自の財源を持たなければならない。しかし、地方自治体はすべての行政サービスを自前の財源でまかなう必要はない。義務教育のようなその利益が当該地域にとどまらず、全国に及ぶような行政サービスについては、国から補助金を受けることに合理性がある。

しかし、地方の独自財源を拡大し、右のような補助金を支給しても、ナショナル・ミニマムの行政サービスを提供できない地方自治体が存在する可能性は残る。その場合には、国は地方交付税によってナショナル・ミニマムの行政サービスを保障すべきである。しかし、その際、地方交付税制度を、現在のような、地方自治体に標準的な行政サービスの提供を可能にする制度ではなく、ナショナル・ミニマムの行政サービスの提供を可能にする制度に変更する必要がある。これにより、基準財政需要額は多くの地方自治体で現在よりも減少し、地方交付税制度もかなりスリム化するであろう。

地方自治体がナショナル・ミニマム以上の行政サービスを提供しようとする場合には、その利益が当該の地域にとどまる限り、その財源は当該地域の住民が負担する税でまかなうようにする。このように行政サービスの受益者と費用負担者とが一致するようになれば、多数の住民が行政サービスの受益は負担よりも小さいと判断する場合には、地方自治体の長は選挙で落選するであろう。あるいは、住民の中には他の地域に移転するものもいるであろうし、住民の地方自治体に対する監視も厳しくなるであろう。こうした住民の行動は、地方自治体が住民の利益に敏感に反応するようになる誘因を与え、行政上の無駄や非効率を減らす原動力になる。

†地方財政の三位一体改革の評価

小泉内閣も地方分権を進めるために、〇二年に、地方財政に関する「三位一体改革」を閣議決定した。これは「国庫負担金、地方交付税、税源移譲を含む財源配分のあり方を三位一体で改革」しようとするものである。

三位一体改革における国庫負担金とは、国庫支出金のうちの一つで、「地方自治体が行う仕事のうち国家的利害が強く、国の負担割合が法令で決まっているもの」で、義務教育や生活保護費の国庫負担金が代表的なものである。市町村が実施する公共事業でも、その利益がそれを実施する市町村を超えて広い地域に及ぶ場合には、公共事業国庫負担金によって補助される。

〇五年度の時点では、義務教育費国庫負担金などの国庫負担金を約四・七兆円削減する代わりに、約三兆円の税源が地方に移譲された。移譲される税源は所得税の一部で、所得税を減税した分を個人住民税に振り替えることとした。地方交付税も約五・一兆円削減し、今後も引き続き、簡素化・透明化を進めることとした。

国庫負担金を削減したのは国の関与を減らして、地方の裁量の余地を拡大するためである。しかし、国庫負担金を削減するだけでは、地方の歳入が減ってしまうだけなので、削減した分を一般財源で補うことにしたのである。

しかし、〇六年現在は、地方分権に向けての小さな一歩が踏み出された段階に過ぎない。これで地方分権が大きく進み、過剰な財源調整がなくなるわけではない。われわれは、小泉改革後に、行政サービスの受益者と費用負担者の乖離がどこまで縮小するかを監視し続ける必要がある。

なお、地方財政改革に伴う地域格差の拡大については、次章の2節で検討する。

3　社会保障改革

†社会保障関係費の急増

すでに述べたように、これまで一般会計歳出の大きな部分を占めてきた公共事業費は、九八年度をピークに年々減少し、〇六年度は八〇年代初めの水準まで減少した。

しかし、社会保障関係費は増大し続け、〇六年度の一般会計歳出に占める割合は二六％に達した。一般会計の歳出から公債費（公債の元利払い費）と地方交付税交付金等を差し引いた一般歳出（国が使える政策費）に占める割合で見ると、社会保障関係費は実に四四％にも達している。

社会保障関係費に保険料によってまかなわれる部分を加えた社会保障給付額は、〇四年度は八六兆円で、一〇年間で四二％もの増加である。

各国の租税負担率（租税の対国民所得比）、社会保障負担率（社会保険料の対国民所得比）及び両者の合計である国民負担率を比較すると、〇六年度現在、日本はアメリカについで低い水準にとどまっている（図8-1）。しかし、右に述べた最近の社会保障給付額の急増

図8-1　各国の国民負担率

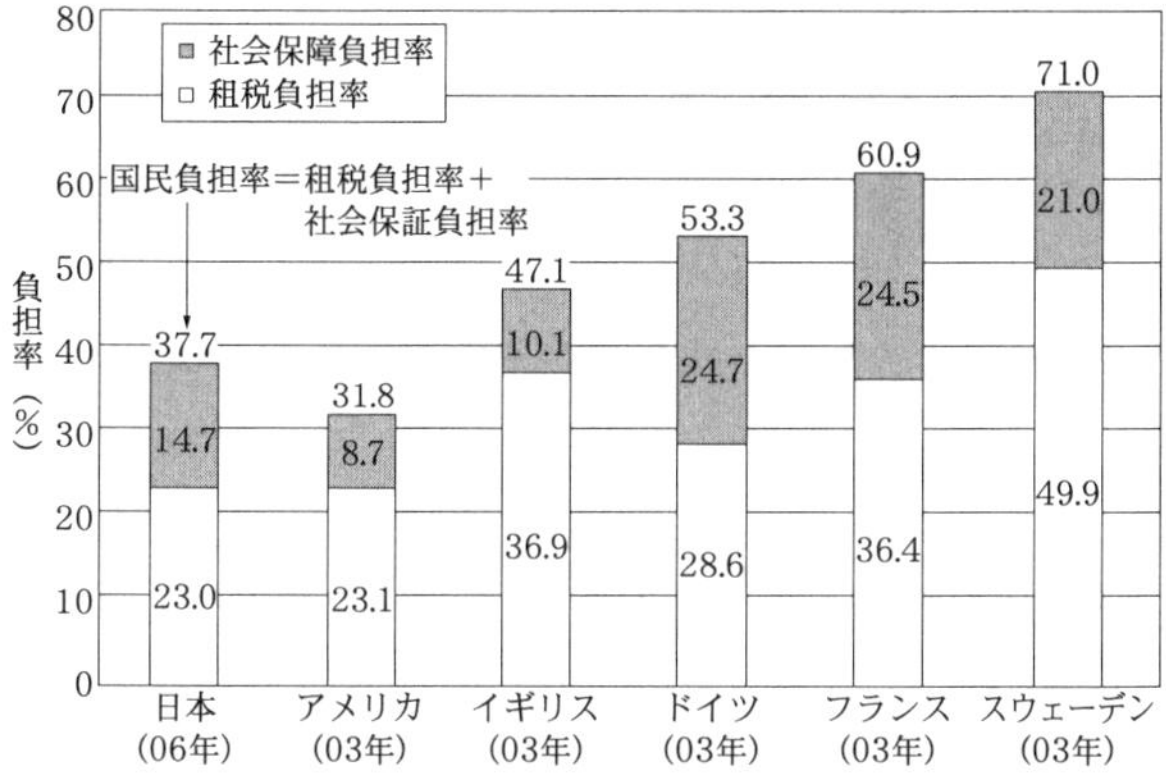

（注）日本は2006年度（平成18年度）見通し。諸外国は2003年実績。
（資料）財務省『日本の財政を考える18年度版』財務省ホームページ

と、今後、ますます少子・高齢化が進むことを考えると、よほど効率的な社会保障制度へ向けての改革に取り組まなければ、国民負担率はヨーロッパ諸国並みに上昇する可能性がある。

†深刻な年金の世代間不公平

さらに、社会保障には世代間の受益と負担の不公平という問題もある。社会保障のうち、年金は保険料でまかなわれる部分が大きいが、年金給付受給者と保険料負担者との乖離が著しく、年金の世代間不公平は深刻である。

第二章で述べたように、日本は七〇年代に高度経済成長の持続を期待して、年金給付額を大幅に引き上げる改革を実施した。しかし、福祉元年といわれた七三年は高度経済成長から安定成長へ移行した年であった。それに加えて、八〇年代以降、少子・高齢化が急ピッチで進み、日本は九〇年代半ばには世界でもトップ・クラスの高齢化社会になってしまった。高齢化は今後も急速に進み、二〇〇〇年には七人の現役世代（二〇～六四歳人口）で二人の年金受給世代を支えればよかったが、二五年には四人の現役世代で、さらに、三〇年には三人の現役世代で、それぞれ二人の年金受給世代を支えなければならない。

このように、成長率の低下と急速な高齢化により、「現役世代が納めた年金保険料で年金受給世代に年金を支払う」という賦課方式年金を維持することは極めてむずかしくなっている。低成長で現役世代の所得が伸びないというのに、三人とか四人の現役世代で二人の年金受給世代にほどほどの年金を支払うことは可能であろうか。あえてそうしようとすれば、現役世代に過重な負担を強いることになる。

†〇四年の年金改革

従来は、いったん約束した年金の給付水準を引き下げることがむずかしかったため、人口推計が変わるたびに、年金保険料を引き上げる方向で、調整が進められてきた。これが現役世代の年金不信感をあおってきた。

しかし、小泉内閣が実施した〇四年の年金改革は、年金保険料は上げるが、逆に、年金給付は現役世代の体力が落ちればそれに合わせて引き下げるという、従来にない改革であった。すなわち、厚生年金などの被用者年金の保険料率を決められた上限に向けて年々引き上げる一方、年金給付を保険料などの年金収入の範囲内に納めるという「マクロ経済スライド方式」を導入した。厚生年金の保険料率の上限は一八・三%(総報酬比)に、国民年金の保険料の上限は一万六千九百円に固定し、今後、その上限に向けて引き上げていく予定である。この保険料率と保険料の上限固定方式により、現在と将来の現役世代の年金保険負担の不確実性は取り除かれるから、その点では、現役世代にとっては望ましい改革だったといえるであろう。

〇四年改正のもう一つの目玉はマクロ経済スライド方式である。これは経済全体の総賃金(労働者一人当たりの平均賃金に労働人口をかけたもの)の伸び率にあわせて年金給付額を調整するというものである。この改正は賦課方式年金を維持可能にするためには、やむをえない改正であろう。

しかしこの方式により、現役世代が稼ぎ出す総賃金が減少すれば、年金給付額も自動的に減額されることになるから、すでに年金を受給している世代にとっては約束違反であろう。それだけでなく、まだ年金受給開始年齢には達していない世代にとっても、これまでに支払った保険料分については、年金給付額が引き下げられる可能性があり、やはり約束違反になる。この約束違反により、かれらの生活設計は大きく狂ってしまうであろう。

したがって、〇四年改正は、すでに年金を受給している世代と近い将来、年金受給開始年齢に達する世代にとっては、かなり負担の大きな改革である。この負担の増大に配慮して、〇四年改正では、厚生年金の標準的な年金世帯の給付水準が現役世代の平均的賃金の五〇%を上回るようにすることとし、五〇%を下回ることが予想される場合には、マクロ経済スライドによる年金給付額の調整を停止し、給付と負担のあり方を見直すとしている。

しかしそうなると、今度は保険料率の上限を固定したことの意味がなくなってしまい、年金保険料負担と年金給付額の両方とも再び不確実になってしまう。これでは、〇四年改正により「百年先までの安心年金」が確立したという政府の主張の妥当性も怪しくなってしまう。

〇四年の改正は年金給付を引き下げる手法を導入したという点で、現在と近い将来年金を受給する世代にとっては、負担の小さくない改正であった。しかし、それでもなお世代間の負担の不公平は大きく、今後も、若い世代から年金改革を求められる可能性がある。

〇四年の改正では、基礎年金の国庫負担割合を〇四年度から〇九年度にかけて現行の三分の一から二分の一に引き上げることになった。その財源としては消費税が有力である。

保険料率に上限が設定されたことにより、年金保険料負担の上昇には歯止めがかかったが、その分、税負担が上昇するわけであるから、国民負担に変わりはない。このように、年金給付水準をできるだけ維持しようとする限り、保険料負担か税負担かという負担の構成を変えることはできても、両者を合わせた国民負担は変えることができない。これが年金問題の厳しい現実である。

†小泉内閣の医療改革

社会保障関係では、増大し続ける医療費の抑制もむずかしい問題である。社会保障給付は二〇〇〇年代後半から急増し始めたが、中でも、高齢化の進展を反映して、医療・介護給付の伸びが大きい。国民医療費は保険料と公費によってまかなわれるが、〇四年度には国民所得の七%に達した。とくに、老人医療費の伸びが大きく、国民医療費の四割に達している。そこで、次のような医療費を抑制する改革が実施された。

七〇歳から七四歳の高齢者の自己負担を一割から二割に引き上げる。七〇歳以上でも現役並みの所得がある者の自己負担は二割から現役と同じ三割に引き上げる。診療報酬に関しては〇六年四月から三・一六%引き下げる。こうした高齢者にも所得に応じた負担を求めることは、「結果の平等」の立場からも支持されるであろう。

しかし、経済財政諮問会議の民間議員は、医療費抑制の積み上げだけでは医療・介護制度は持続可能ではないとして、医療・介護給付の伸びを名目国内総生産の伸びに抑制することを提案している。この政策が実施される場合も、高齢者については「所得に応じた負担原則」という選別主義を採用すべきであろう。

この章では、小泉改革における格差問題は扱わなかった。そこで次の章では、近年問題にされてきた日本の「格差社会」論議の検討を踏まえて、小泉改革を総合的に評価することにしよう。

第九章

「小さな政府」と格差問題

第八章では、小泉政権の「小さな政府」へ向けての改革を説明した。第四章で問題にした二つの平等の観点から小泉改革を見ると、これまで「結果の平等」に重点を置いてきた政治と経済政策を、「機会の平等」に重点を置いたものに変えようとする改革といえる。こうした改革が本格的に進めば、個人間でも企業間でも地域間でも競争が激しくなり、その結果、個人間の所得格差、企業間の利益格差、地域間の所得や行政サービス水準の格差(以下、地域格差という)などは拡大すると予想される。

〇六年には、こうした格差が小泉改革で拡大したのではないかという声が高まり、格差拡大が小泉改革の陰として取り上げられるようになった。そこでこの章では、主として小泉改革に焦点を当てながら、小さな政府のもとで起きる「格差」をどのように考え、どのように対処すべきかを検討し、最後に、小泉改革を総合的に評価したうえで、「小さな政府」へ向けてのポスト小泉の政策課題を示すことにする。

1　小泉改革と世帯間格差

†格差拡大の要因は高齢化か

小さな政府がもたらす格差には、個人や世帯間の格差と地域間格差とがあるが、はじめに、個人や世帯間格差から取り上げよう。果たして、小泉改革は個人や世帯間格差を拡大したであろうか。

一九八〇年代から二〇〇二年までの日本の不平等を研究した大竹文雄『日本の不平等――格差社会の幻想と未来』(日本経済新聞社)によれば、八〇年代以降、日本の所得格差は拡大した。しかし、所得格差の拡大をもたらした大きな要因は人口の高齢化であり、世帯主の年齢別でみると、所得格差は拡大していない。このことは右の大竹以外の多くの実証研究でも確認されている。

しかし、比較的多数の人が、最近、所得格差は拡大しており、その要因は高齢化だけでないと感じているのではないであろうか。大竹などの実証研究の結論はこの人々の実感に合わない。

大竹をはじめとする実証研究の結論が多くの人の実感に合わないのは、かれらが用いたデータに、非正規労働者、失業者、ホームレスなどが含まれていないからである。多くの人は、九〇年代以降の長期経済停滞で、失業者が大幅に増加したことや、非正規社員が全社員の三割を超えたことなどによって、所得格差は拡大したに違いないと考えているのではないだろうか。

†非正規社員と失業者を含めると所得格差は拡大

こうした人々の実感に応えてくれる実証研究に、太田清「フリーターの増加と労働所得格差の拡大」(内閣府経済社会総合研究所ディスカッション・ペーパー・シリーズNo.140)がある。太田は非正規労働者や失業者を含むデータを用いて、年齢別の男性の労働所得格差が拡大したかどうかを分析した。男性労働者だけを対象にしたのは、男女を区別せずに分析すると、男女間の所得格差という要因が含まれてしまうため、非正規労働者や失業者の増加が年齢別の所得格差を拡大させたかどうかを識別できなくなるからである。

太田の研究によると、九七年から〇二年にかけては、有業者で見ても雇用者(有業者中の雇用されている人)でみても、すべての年齢層で所得格差は拡大した。中でも、二〇歳から三四歳の若年層の格差拡大が大きい。

†九七年から〇二年にかけて格差が拡大した理由

九七年から〇二年にかけて、すべての年齢層で所得格差が拡大したのは、正規社員と非正規社員との賃金格差が拡大するとともに、雇用者に占める賃金の低い非正規社員の割合が高まったからである（図9-1）。

全年齢層では、非正規社員の割合は〇二年には三〇%に、〇五年には三三%に達した。若年層の非正規社員の賃金は正規社員のおよそ六割から七割程度であるから、非正規社員が増えれば、所得格差は拡大する。雇用者に一年以上失業している者を含めると、すべての年齢層について格差はさらに高まる。

日本の九七年から〇二年にかけての若年層の所得格差拡大のテンポは、イギリスのサッチャー時代（七八年から八九年）の若年層の所得格差拡大テンポとほぼ同じで、かなり急速であった。

太田の実証研究の対象期間のうち〇一年と〇二年は小泉政権の時代であるから、小泉政権時代にすべての年齢層で所得格差は拡大したことになる。

図 9-1　非正規社員の推移

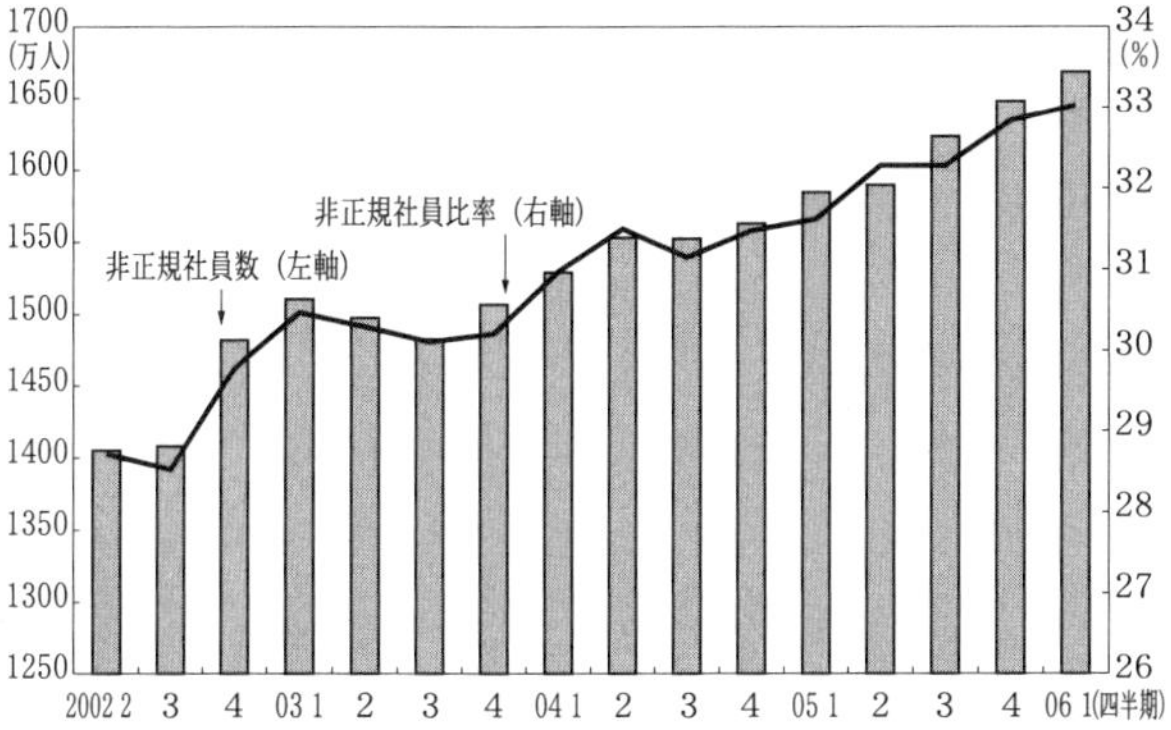

（注）非正規社員比率は雇用者（除く役員）に占める非正規社員の比率（資料）総務省『労働力調査』

非正規社員と失業者が増えた理由

九〇年代以降、若年層を中心にすべての年齢層で、非正規社員が増えるとともに、失業率は上昇した。九七年から〇二年にかけては、失業率は一五歳から二四歳の年齢層は七%から一〇%に、二五歳から三四歳の年齢層は四%から六%に上昇した。

失業率が上昇し、非正規社員が急増した大きな要因は、九二年以降の長期経済停滞であろう。とくに、九七年後半からのデフレ不況の影響が大きい。

デフレによる経済停滞が続けば、企業は景気が多少よくなっても、いつ悪化するか分からないため、賃金が高く、解雇のむずかしい正規社員の雇用をためらいがちになる。パートや派遣労働者であれば、正規社員に比べて賃金も安く解雇も容易である。

○二年頃から景気は回復し始めたが、それは八○年代半ばからのバブル景気のように力強いものではなかった。そのことが失業率の低下幅を狭め、非正規社員の増加が止まらなかった大きな要因であった。したがって、景気拡大に力強さが欠けたことが小泉改革のせいであれば、小泉改革はすべての年齢層で所得格差を拡大したといえるであろう。しかし、著者は景気回復が遅れるとともに、力強さに欠けた主たる要因は経済をデフレに陥れ、デフレ脱却を遅らせた金融政策にあると考える。本書ではこの点を明らかにする余裕はないので、読者には拙著『日本経済を学ぶ』（ちくま新書）を参照されることを望みたい。

非正規社員が増えた第二の要因は、九九年と○四年の労働者派遣法の改正である。小泉政権による○四年の労働者派遣法改正は、労働者派遣の自由化を進めることにより、非正規社員を増やし、所得格差を拡大させた可能性がある。しかし、労働者派遣の自由化が進まなかったならば、雇用は実際よりも増えず、失業率は上昇した可能性がある。失業率が上昇したならば、所得格差は実際よりもさらに拡大したであろう。したがって、労働者派遣の自由化による失業率の低下を考慮すると、労働者派遣法改正が所得格差を拡大したとはいえない。

非正規社員が増えた第三の要因として、グローバル競争の激化が考えられる。例えば、ある製品を中国で安い賃金で造れるようになれば、日本で造るよりも多少品質が落ちても、中国で造ったほうが有利になる。そのため、比較的熟練を必要としない労働は賃金の高い正規社員から低い非正規社員に置き換えられるようになった。

この競争の激化が、景気が回復しても日本の未熟練労働者の非正規社員化が止まらない主たる要因の一つであろう。しかし、グローバル競争の激化は小泉改革とは関係がない世界的な潮流であるから、この要因で非正規社員が増えても、それは小泉改革のせいであるとはいえない。

†生活保護世帯の増加

次に、格差拡大を生活保護世帯の増加という視点から見ておこう（図9-2）。生活保護世帯は八〇年代半ば以降の好景気の過程で減少し続けたが、景気後退が始まった九二年を底に増加に転じた。〇三年の生活保護世帯は九二年よりも六割も増えて九四万世帯である。

九〇年代半ばから回復した景気は九七年後半からふたたび悪化したが、それに伴って母子家庭のうち生活保護世帯になる割合（生活保護率）が急上昇した。それに対して、高齢者世帯の生活保護率はほぼ横ばいで母子家庭よりもかなり低い水準であった。これから、九八年から生活保護世帯が急増したのは、母子家庭のうち生活保護世帯になる世帯が急増

図 9-2　生活保護世帯数と生活保護率

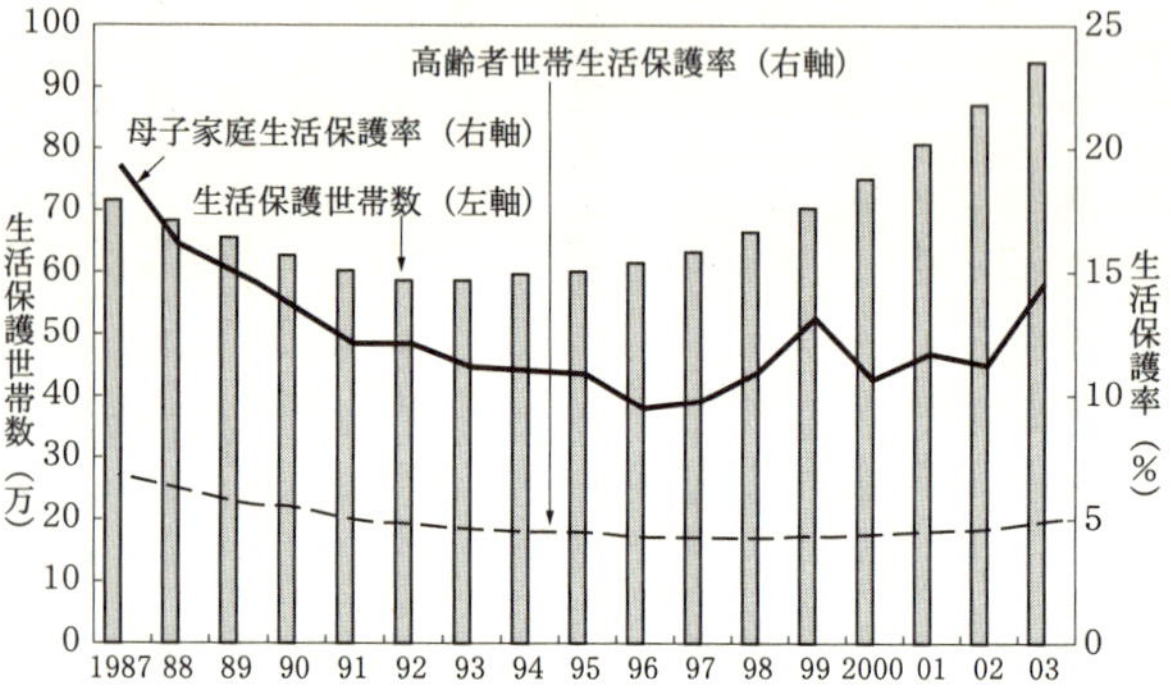

（注）生活保護率＝世帯数のうちの生活保護世帯の割合
（資料）国立社会保障・人口問題研究所『「生活保護」に関する公的データ一覧』2006

したためであることが分かる。

生活保護世帯のうち職に就いている世帯の多くは、パートなどの非正規社員であろう。九八年以降に、母子家庭を中心として生活保護世帯が急増したのは、デフレ不況下で雇用が減少し、失業率が急上昇するとともに、非正規社員の賃金が大きく低下したからであると考えられる。

†再挑戦できる社会に

以上から、小泉改革がすべての年齢層の所得格差を拡大させたとも、生活保護世帯を増やしたともいえない。しかし、そのことは、政府は非正規社員の低賃金と不安定な雇用に対して何もしなくてもよいことを意味しない。

以下に示すように、小泉政権に格差拡大の

責任があるとすれば、小泉政権が「したこと」(すなわち、小泉改革)にではなく、「しなかった」ことにある。

右に述べたような所得格差の拡大に対して、政府がすべきことについては、第四章で述べたように二つの考え方がある。

一つは、正規社員などの高所得者の所得税率や社会保険料率を高める一方、非正規社員などの低所得者の所得税率や社会保険料率を引き下げたり、かれらに対する福祉支出を増やすことである。これは「結果の平等」を重視する立場からの格差対策で、大きな政府につながる。

もう一つは、「機会の平等」を重視する立場からのもので、結果を平等にするのではなく、差別などをなくしてすべての人々の機会をできるだけ平等にし、それによって人々の所得獲得能力を高めることである。これは小さな政府につながる政策である。

「機会の平等」を重視する立場から最も重要な政策は、教育を受ける機会の平等化である。そのための最も望ましい手段は、第四章で紹介した教育切符制の導入であろう。

教育機会の平等化は就職機会の平等化も進めるであろう。しかし、景気が悪い時期に学校を卒業した人は、就職の機会が狭められてしまい、就職できない確率が高まる。フリーターや派遣社員などのなかには好きでなった人もいるであろう。しかし、多くの人は卒業時に就職の機会が少なかったため、やむを得ずなったか、卒業時に自分に合った仕事が見つからなかったため、長期雇用の就職を見送った人であろう。そうした人に再挑戦する機会がなければ、機会の平等は達成されない。

小泉首相は「再挑戦できる機会があれば、格差は問題ない」と主張した。しかし、小泉首相は「非正規社員や失業者が再挑戦できる機会を拡大する政策」には積極的に取り組まなかった。〇三年に「若者自立・挑戦プラン」が発表されたが、〇六年八月現在、成果はほとんどあがっていない。また、再挑戦の機会を公的に支援すべき対象者を若年層とか高齢者といった年齢で区別すべきではない。この意味では、小泉政権に所得格差拡大の責任がある。

失業者をなくし、非正規社員が正規社員になれる確率を高めるためには、景気を安定化させて失業率を引き下げるマクロ経済政策と、未熟練労働者の知識・技術を高めるミクロ経済政策（日本では、構造改革と呼ばれる政策）の両方が必要である。この章の3節で述べるように、景気を安定化させるマクロ経済政策は金融政策である。

未熟練労働者の知識・技術を高めるミクロ経済政策としては、第五章で紹介したイギリスのサッチャー首相が導入した積極的労働市場政策とそれを発展させたブレア政権の「ニュー・ディール・プログラム」が参考になる。失業者や非正規社員の所得獲得能力を高めるためには、仕事のための知識や技術を学べる機会をかれらに提供することが必要である。しかし、こうした機会を失業者や非正規社員が負担できる範囲の費用で提供することは、民間では困難であろう。

したがって、かれらに知識や技術を学ぶ機会を提供しようとする企業や学校などに政府が補助金を出したり、かれら自身に直接、補助金を支給したりする必要がある。知識や技術を身につけようとする人に直接、補助金を支給する場合には、一定額は無利子で返済の必要のないものとし、一定額を超える場合には、金利を市場金利よりもかなり引き下げ、かつ返済期間を長期にすることが効果的であろう。

かれらのさまざまな相談にのったり、かれらを指導したりする公的なコンサルタント・サービスの提供も必要である。こうした制度があれば、やむを得ず非正規社員になったり、母子家庭になったりしても、再挑戦する機会が開けるであろう。

2 小泉改革と地域格差

†小泉政権下で拡大した地域格差

次に、小泉改革によって地域格差が拡大したかどうかを、地域ブロック別の有効求人倍率（求職者数の求人者数に対する比率）の変化で見てみよう（図9-3）。有効求人倍率はどの地域でも〇三年を底に上昇に転じた。上昇率は南関東、北関東・甲信越、北陸、東海で高く、これらの地域では〇五年には一を超えた（求人者数のほうが求職者数よりも多くなった）。しかし、その他の地域では上昇速度は遅く、とくに、北海道と東北では〇五年になっても有効求人倍率は一を大きく下回っている。確かに、これらの地域でも有効求人倍率は〇四年以降上昇傾向にあり、景気はゆっくりとこれらの地域にも波及しつつある。しかし、東海など急激に上昇した地域の存在を考慮すると、地域格差は拡大したといえよう。

†地域格差拡大の原因は小泉改革か

このように、小泉政権時代に地域格差は拡大した。しかし、このことから直ちに地域格

図 9-3　地域ブロック別有効求人倍率（2001～05 年）

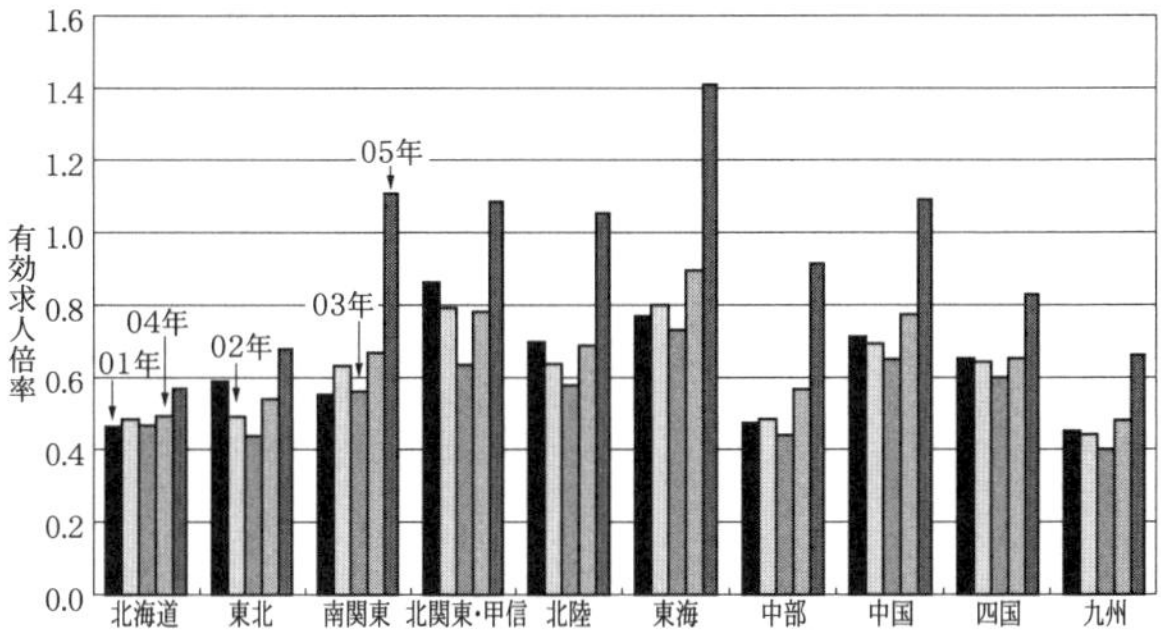

（資料）厚生労働省『職業安定業務統計2006』

差拡大の原因は小泉改革であるとはいえない。他の格差を拡大する要因が小泉政権時代に存在していたかも知れないからである。この点を検討してみよう。

日本経済は小泉政権二年目の〇二年度頃から、輸出主導で、大企業製造業を中心に回復し始めた。しかし、この景気回復が中小企業や非製造業や地方に波及するまでには長い時間がかかった。それは、〇六年四月の時点で、〇二年からの景気回復期間が八〇年代半ば以降のバブル景気に並んだといっても、バブル景気に比べれば、今回の景気回復ははるかに弱くかつスピードの遅い回復だったからである。そのため、最近（〇六年六月現在）まで、地域格差は拡大した。

しかし、地方への景気回復の波及を遅らせた要因は、回復の弱さとスピードの遅さだけではなかった。小泉政権時代に地方の公共事業が減少し続けたことも影響したと考えられる（図2−1、三七ページ参照）。すなわち、小渕政権時代の地方への公共事業拡大政策が、経済が停滞する中での地域格差の拡大を阻止したのに対して、小泉改革による地方への公共事業の大幅削減は景気回復が地方に波及する速度を遅らせる要因になったと考えられる。

†地域格差拡大をどうするか

それでは、地域格差の拡大に対して、政府はどう対処すべきであろうか。〇六年には、自民党の中の「結果の平等」を重視する議員から、地方への公共事業をこれ以上減らすなという主張が出てきた。

一方、「機会の平等」を重視する立場からは、生産基盤に関わる公共事業は生産性向上効果の高い地域に集中し、生活関連の公共事業はナショナル・ミニマムの達成を原則とすべきであるという主張が出てくる。

第八章2節で著者が主張した地方の財政改革も「機会の平等」の立場からの改革であり、地方への財源移譲と地方交付税制度のスリム化により行き過ぎた地域間財政調整を縮小し、地方の主権拡大と自助努力を求める改革である。

著者はこの地方財政改革の原則を、九州のある二つの市で話す機会があった。一つの市では、市の財政担当者が出席しており、著者の地方財政改革原則に対して、「これからは、地方の行政も企業経営的感覚で運営しなければならないということなんでしょうね」と納得した様子であった。

もう一つの市の講演には市長が出席しており、著者の地方財政改革原則に大反対であった。その市長によれば、「小泉内閣の三位一体改革は、補助金と地方交付税をカットし、財源を移譲するといっても地方の税収はまったく増えないから、地方切捨ての改革だ。こんな改革を進めれば、地方から人はいなくなり、地方はもたない。地方交付税による財政調整は重要だ」という。

確かに、人口が少なく、所得を稼ぎ出す企業が少ない市町村の税収は、財源を移譲されても、補助金や地方交付税の減額を相殺するほどには増えないであろう。そうした地方自治体の首長が三位一体改革や著者の地方財政改革原則に反対する気持ちは分からないわけではない。

しかし、地方財政改革は地方自治体ごとにではなく、国民経済全体の立場から考えなければならない。今後も、田中角栄型の「結果平等主義」を貫こうとすれば、日本経済全体の生産性が低下し、「結果の平等」のための財源自体がやがて枯渇するであろう。とくに、少子・高齢化が進む日本では、今後ますます希少になる労働力を生産性の高い地域で活用する必要性が高まる。そうした地域は大都市である。大都市にこれまでよりも多く公共事業を集中して、生産基盤を整備しなければ、日本経済は活性化しないし、日本経済が活性化しなければ、地方も活性化しない。

国の地方に対する干渉や援助を縮小すると、地方の中には人口が減り、現在よりも貧しくなる地方が出てくる可能性がある。そうした地方自治体にもナショナル・ミニマムの行政サービスは保障し、格差拡大に歯止めをかけるべきであろう。

しかしいずれにせよ、地域格差は現在よりも拡大するであろう。地域格差の拡大は、「結果の平等」を追求する「国土の均衡ある発展」政策を放棄して、国全体の生産性を高める政策を採用することとの代償である。長期的に見れば、この政策への転換は地域格差拡大という代償を払っても、国民全体をより豊かにすると考えられる。したがって、地域格差の拡大は阻止すべき政策課題と考えるべきではないであろう。

†成長を牽引するのは大都市

地方分権を進め、地方に自助努力を求める政策に転換すると、今後、東京圏などの大都市や地方の中核都市に人口が移動すると予想される。この人口移動により、人口と産業の集積が高まるため、生産性が向上し、行政サービスの供給費用は低下するであろう。

今後、産業と雇用の構成も製造業から第三次産業に移行するであろう。製造業は生産性上昇率が高いため、同じモノを生産するために必要な労働は少なくてすむ。この傾向は今後も続くであろう。したがって、モノに対する需要がよほど増えない限り、製造業では雇用は増えない。今後、雇用の増加が期待できるのは、第三次産業であり、第三次産業を牽引するエンジンは大都市に存在する。

こうした発展する大都市が存在するからこそ、衰退する市町村の住民も職を得ることができる。

†イギリスに学ぶ地域開発

今後の日本の地方のあり方を考える上で参考になるのは、サッチャー保守党政権からブレア労働党政権にかけての改革の過程で発展を遂げた、イギリスの地方都市である。

ブレア政権はサッチャー＝メージャーの保守党政権の地方行政に対する政策を基本的に引き継ぐとともに、保守党政権が消極的だった地方分権を進めた。ブレア政権がサッチャー＝メージャー政権から引き継いだ基本的な政策は、地方行政における住民への説明責任、行政サービスにおける競争原理の導入、地方への使途を限定しない一括補助金制度、政府とNPOなどの民間とのパートナーシップの重視、NPO主導のまちづくりに対する支援体制などである。

こうしたサッチャー政権からブレア政権までの改革の過程で、グラスゴー、リーズ、リバプール、マンチェスター、バーミンガム、シェフィールドなどのかつて工業や貿易で栄えたが、二〇世紀後半には衰退した都市が、二一世紀に入ってよみがえった。どの都市も住民参加で、民間の知恵を活用し、古い街並みや歴史的建造物を修復しながら、第三次産業を中心としたまちづくりに成功した（山口二郎『ブレア時代のイギリス』岩波新書・参照）。

中でも、スコットランドの衰退からの再生は印象的である（以下のスコットランド再生の記述は、自治・分権ジャーナリストの会編『英国の地方分権改革　ブレアの挑戦』日本評論社に基づく）。

スコットランドは一九七〇年代から八〇年代にかけて「英国病」の象徴であった。スコットランド最大の都市グラスゴーは産業革命が始まった街で、かつては石炭、鉄鋼、造船で栄えた街だった。しかし戦後は、これらの産業は国営企業として税金によってかろうじて支えられる存在に転落した。これらの産業に止めを刺したのは、サッチャー改革で、赤字垂れ流しの炭鉱、鉄工所、造船所は次々に閉鎖された。前掲書でスコットランドの再生を紹介した庄司清彦によると、あるグラスゴーの造船所で働いていた人は、同氏に「サッチャーがこの街を荒廃させた。あっというまにすべての働く場所がなくなった」（前掲書、九四頁）とサッチャーに対する憎しみをぶつけたという。

ところが、九〇年代に入ってスコットランド経済は再生した。再生に重要な役割を果たしたのはスコットランド開発公社であった。その前身であるスコットランド開発公団時代は、工業用地を用意しても企業は来なかった。なぜ来ないかを徹底的に分析したところ、答えは「役人がビジネスを生み出そうとしても無理で、ビジネスはビジネスマンに任せなければだめだ」というものだった。そこで、スコットランド開発公社のトップにはアメリカのコンピューター関連企業のヒューレット・パッカードの元副社長を招いた。同開発公社は世界から有数のハイテク産業の誘致に成功し、エジンバラとグラスゴーを結ぶかつての産炭地はヨーロッパのハイテク産業の拠点に生まれ変わった。日本のＮＥＣ、キヤノン、セイコーなどのハイテク企業も立地している。同地域が世界のハイテク企業の誘致に成功する上で重要な役割を果たしたのは、スコットランドの高等教育機関が輩出する人材だったといわれる。

†求められる自主独立の精神

日本の地方自治体の首長と住民にも、イギリスで再生に成功した都市に見られるような、民間の知恵と活力を最大限に活かした主体的・自立的なまちづくりへの挑戦を望みたい。

そのまちづくりは、日本で〇七年に成立が予想される「まちづくり三法」のように、郊外の大型店の立地を規制して、無理やり中心市街地を活性化させようとするものではなく、旧市街地の魅力そのものを引き上げることによって、人と産業を呼び込もうとするまちづくりである。

市町村には、自立を求められると人口が減ってしまうと嘆くのでなく、むしろ人口減少を生産性向上のバネに変えるくらいの自主独立の気概を求めたい。例えば、農業については、人口減少を機会に、一戸当たりの農地面積を拡大して、本格的に農業生産性を高める政策に転換する時期が到来してからすでに久しい。アメリカのミシガン州やウィスコンシン州の田舎は実に豊かである。それは、人口が減って一人当たり農地が拡大したからである。

農地面積の拡大を阻んでいる要因があれば、地方自治体はそれらを徹底的に排除する政策を採るべきである。日本では、〇五年に法人による農業参入が解禁されたばかりで、〇六年現在、法人による農業経営は例外的である。しかし、農業は天候に左右されるためリスクが大きい産業であるばかりか、バイオ技術などを駆使するハイテク産業であるから、個人経営よりも法人経営が向いている。

地方の自立性を高めるための産業は、生産性向上に成功した農業だけではない。倉敷や金沢のような観光で特色を持たせる都市もあるし、岡山のように生命科学の産業が根付き、文化的施設も充実している都市もある。

日本の地方自治体には、国に頼ることなく、自主的なまちづくりの障害になる規制、税・財政制度や国の干渉を排除しようとする自主独立の精神こそが求められている。この意味で、地方は上からの地方改革を待つのではなく、国の地方分権改革の不十分さを指摘し、その先をいかなければならないと考える。

3 機会の平等のための政策

†政府を小さくするだけでは雇用は増えない

しかし、「結果の平等」のための政策を縮小して、政府を小さくするだけでは、雇用は増えないし、非正規社員の賃金を引き上げることもできない。それでは、小さな政府は「勝ち組」と「負け組」を作るだけである。

例えば、市場化テストの導入で、行政サービスの提供を民間が担当することになったとしよう。今まで当該の行政サービスの提供を担っていた公務員の一部は配置転換によって他の部署で行政サービス提供の仕事をするか、当該の行政サービスを提供することになった民間企業で働くことになるであろう。しかし、すべての公務員がそのいずれかで働くのであれば、行政サービス提供の生産性は上がらない。なぜならば、その場合には、民間部門で行政サービスを提供するために働く人を含めると、行政サービス提供のために働く人は減少していないからである。

したがって、行政サービス提供の生産性が向上するためには、市場化テストで仕事がなくなる公務員の一部は、かれらが働き続けようとする限り、行政サービス以外の部門で職を見つけなければならない。これは、経済全体でこれまでと同じ量のモノやサービスを供給しようとする限り、生産性を引き上げる政策は過剰労働力を生むことを意味する。

企業のリストラにせよ、国営企業の民営化にせよ、それらは労働力を効率的に利用して、生産性を引き上げるための改革である。この改革は構造改革と呼ばれる。構造改革によって職を失った人が、新たな職を見出すためには、経済全体のモノやサービスに対する需要が増えなければならない。需要が増えれば、需要が増えたモノやサービスを生産するための雇用需要も増える。したがって、リストラなどにより職を失った人も雇用需要が増えた部門で職を見つけることができる。

以上をまとめると、次のようになる。規制緩和や民営化などの構造改革によって生産性が高まると、経済全体のモノやサービスを供給する能力は増大する。このとき、供給能力の増大に見合って、経済全体のモノやサービスに対する需要も増えなければ、雇用は増えない。そのため、職につけずに失業する人や職を得るために賃金引下げを受け入れなければならない人が増える。職につけなくなる人の多くは、新卒や非正規社員である。

†供給能力の増大に見合って需要を増やすには

それでは、生産性の上昇によって過剰になった労働力を吸収できるように、経済全体の雇用需要を増やすためには、どうすればよいであろうか。

一つの方法は、右で述べたように、過剰になった労働者が賃金の引下げに応じることである。九〇年代以降の長期経済停滞の過程における非正規社員の増加は、低成長で雇用需要が減ったために職を失った人たちが、賃金引下げに応ずることによって、職を得ることができたことを示している。

しかし、賃金引下げによる雇用維持では、非正規社員は生活困難に陥り、正社員との間の所得格差も拡大する。将来も正規社員への道が閉ざされ、低賃金に甘んじなければならないのであれば、結婚も子育てもむずかしく、とうてい老後の生活も維持できない。また、国民年金の保険料すら払うことができなくなってしまう。

こうした非正規社員が置かれた状況を改善するための職業訓練機会の拡大といったミクロ経済政策については、この章の1節で述べたので、ここでは、もう一つの政策であるマクロ経済安定化政策を説明しよう。

マクロ経済安定化政策には財政政策と金融政策がある。財政政策は狭義のケインズ政策と呼ばれ、海外では六〇年代から七〇年代にかけて採用されたが、八〇年代以降は、金融政策が主流になった。海外で財政政策が採用されなくなった理由としては次のものが挙げられる。例えば、経済全体の供給能力の増大に応じて、経済全体の需要が増えないために、モノやサービスが売れずに、景気が悪化したとしよう。そこで、政府が景気を回復させようとして、公債を発行して公共投資を増やすとしよう。これにより、政府と民間は投資のための資金を奪い合うようになる。そのため、金利が上がる。金利が上がると民間の設備投資（これは機械などに対する需要である）が減って、公共投資によって増えた需要を相殺してしまうため、経済全体の需要は増えない。経済全体の需要が増えなければ、雇用も増えないし、景気も回復しない。したがって、むしろ、財政赤字を減らして、公債発行を減らしたほうが、金利が低下する分だけ、民間企業の投資を活性化することができ、景気の安定化に役に立つ。

さらに、政府支出をまかなうために発行された公債の残高が増えるにつれて、財政破綻のリスクが増大し、政府は政府支出の削減や増税などの国民に不人気な政策をとらなければならなくなる。しかし、不人気だからといって、財政再建を先送りすれば、財政破綻のリスクはますます大きくなり、結局は、大増税、歳出の大幅削減などに追い込まれる。

こうした理由から、海外では金融政策によって物価の安定を図ることによって、経済全体の需要を安定的に増やしていく政策が、マクロ経済の安定化政策として主流になっている。

九〇年代以降今日まで、海外で成功した金融政策の経験によると、インフレ率を一%から三%程度の範囲の変動に収め、長期的には二%程度に安定化させることが、雇用を適切に維持しながら、経済が潜在的に持っている成長能力を実現する上で有効である。

このように、中央銀行が二%程度のインフレ率の達成を目標に金融政策を運営する手法をインフレ目標政策という。第五章でみたイギリスや第六章のスウェーデンのように、諸外国のインフレ目標政策の成果が良好だったのは、インフレ率が二%程度で安定すると、金利も安定し、設備投資計画や住宅投資計画が立てやすくなり、成長率と雇用とがともに安定するからである。

†構造改革と金融政策の役割分担

経済が潜在的に持っている成長能力を潜在成長率という。潜在成長率は政府や企業の構造改革などによって労働の生産性を高めることにより上昇する。しかし、これまでの各国の経験は、インフレ率が安定していなければ、供給能力の増大に見合って、経済全体の需要が伸びないため、潜在成長率は実際の実質成長率として顕在化しないことを示している。したがって、日本銀行には、インフレ目標政策によってインフレ率を二％程度に安定化させることが望まれる。あるいは、政府がインフレ目標を設定して、その実現は日本銀行にまかせるという役割分担も考えられる。

構造改革によって高められた潜在成長率が実現すれば、生産性の上昇を反映して、未熟練労働者を含めた労働者の賃金も上昇する。生産のために必要な雇用も増えるから、非正規社員がより賃金が高く、雇用も安定している正規社員になれる可能性も増大する。

以上から、失業を減らし、熟練労働者だけでなく、新卒や非正規社員の賃金も引き上げ、非正規社員が正規社員になれる可能性を高めるためには、①すべての労働者の生産性を引き上げる構造改革とともに、②インフレ目標政策の導入により、インフレ率を二％程度に安定化させ、経済全体の需要を生産性の上昇による供給能力の増大に合わせて増やしていくことが必要である。

①の構造改革とは、機会の平等を推進するミクロ経済政策（構造改革）である（第三章と第四章を参照）。具体的には、市場を自由競争的に維持することによって、人々の自由な創意と工夫を引き出し、教育切符制度によって教育の機会平等を促進し、人々が仕事に役に立つ知識や技術を身につけようとするときの費用の相当部分を、政府が援助することである。

日本では、①の構造改革さえ進めれば、実質成長率は上昇するという考え方が有力である。しかし、一九九〇年代以降の各国の経験は、①と②のいずれの政策が欠けても、実質成長率を高めることはできないことを示している。

†二つ所得格差

前項で述べた①と②の政策によって、未熟練労働者の熟練度が向上し、かれらの賃金は上昇するであろう。しかし、より高い能力に恵まれた人や、より高い知識と技術を身につけた人の賃金はそれ以上に上昇する可能性がある。したがって、サッチャー改革後のイギリスで見られたように、所得再分配政策前の所得格差は拡大する可能性が高い。

それでは、この所得格差の拡大を縮小するべきであろうか。この問題を考えるときには、所得格差の拡大を二つのケースに分けて考えることが必要である。

第一は、低所得者の所得が変わらないか、あるいは減少する一方で、中所得者以上の所得が増加することによって、ジニ係数で測った所得格差が拡大するケースである。第二は、低所得者の所得も増加するが、それ以上に中所得者以上の所得が増加することによって、ジニ係数で測った所得格差が拡大するケースである。この第二のケースでは、第五章3節で定義した絶対的貧困は減少する。

前項で述べた①と②の条件が整っていれば、例外はあるかもしれないが、所得格差の拡大は基本的には第二のケースの形をとると考えられる。

一九八〇年代半ば以降のイギリスは第二のケースの例である。すなわち、一九八〇年代半ばから二〇〇〇年にかけて、イギリスでは①と②がほぼ満たされるようになったため、絶対的貧困率は大きく低下した。それに対して、日本の絶対的貧困率は八〇年代半ばから九〇年代半ばまでは低下したものの、九〇年代半ばから二〇〇〇年にかけては上昇した。日本の絶対的貧困率が九〇年代半ばから二〇〇〇年にかけて上昇したのは、規制緩和などの構造改革が進んだことによって、①の条件はある程度満たされたものの、九八年からデフレに陥ったため、②の条件がまったく満たされなかったからであろう。

第二のケースの格差拡大は、「機会の平等」を重視する立場からは許容される格差拡大である。しかし、「結果の平等」を重視する立場に立つ人は、第一のケースの格差拡大はもちろん認めず、第二のケースの格差拡大も一定限度を超えないように、累進度の高い所得税や低所得者に手厚い社会保障制度を求めるであろう。これも一つの価値判断であるが、そのような価値判断をもつ人も、「結果の平等」が行き過ぎれば、所得を再分配するための元手である国民全体の所得が伸びないため、低所得者の所得を引き上げること自体が難しくなることを理解すべきである。

†小泉改革の評価とポスト小泉の政策課題

最後に、小泉改革を評価し、ポスト小泉の「小さな政府」に関わる政策課題を考えよう。小泉改革は「小さくて効率的な政府」を目指して、「官から民へ」と「中央から地方へ」をスローガンに行財政改革を進めてきた。小泉首相はこの政権方針を貫くために、自民党派閥にとらわれない、官邸主導の政治を進めてきた。この姿勢は高く評価したい。とくに、田中角栄型の地方への公共事業のばらまきをやめ、公共事業費を大幅に削減するとともに、削減した公共事業費を重要な四分野に重点的に配分してきたことは、角栄後のどの政権もできなかったことを考慮すると、高く評価されるであろう。

しかし、「改革、改革」という掛け声の割には、第八章1節で示したように、改革の中身に問題があったり（高速道路公団や郵政民営化など）、改革の緒についたばかりで、ほとんどまだ成果が上がっていなかったり（社会的規制改革や構造特区制度、三位一体改革など）、アイディアの段階にとどまっているもの（市場化テストなど）が少なくない。非正規社員や失業者が再挑戦できる機会の創造にいたっては、ほとんど手がつけられていない。

このように、著者から見ると、小泉改革には中途半端なもの、真の民営化とはいえないもの、改革を始めるのが遅すぎたものなどが少なくない。それは第一に、小泉政治がサッチャー首相ほどの「信念の政治」ではなく、官僚などの抵抗勢力と妥協する「合意の政治」から完全に抜け出すことができなかったからであると思われる。第二に、不良債権処理や産業再生機構による債務超過企業の再生といった、デフレ下での後ろ向きのバブル処理に手間取ったからであろう。そのため、小泉政権が前向きの改革に乗り出したのは、政権発足後三年くらいたってからであった。およそ本格的改革を進めるには、サッチャー政権のように最低八年以上は必要であろう。

この意味で、小泉改革は道半ばかそれより手前の段階にとどまったといえよう。したがって、ポスト小泉の改革こそが重要である。

本書では、今後はこれまでの行き過ぎた「結果の平等」を修正し、「機会の平等」を重視すべきであるという立場に立って、「小さな政府」のあり方を検討してきた。しかし、自由主義を掲げたサッチャー政権にせよ、「結果の平等」から「機会の平等」に重点を移したという点で、これまでのイギリス労働党とは違う「第三の道」路線を選択したブレア政権にせよ、フリードマンのような自由主義者が主張するほど、「結果の平等」のための社会保障制度を縮小したわけではない。

両政権ともに、社会保障給付において、「社会保障はその必要性が最大である人を正しく認識して支給することが重要である」という考え方に立って、ミーンズ・テスト（資力調査）を重視する選別主義を採った。この立場からは、所得獲得能力の低い身体障害者、重病にもかかわらず、所得がないために医師にかかれない人、低賃金で生活が困窮する母子家庭、年金給付では最低限の生活すら維持できない高齢者などを、最初に、もれなく救うことが優先される。一方、知識や技術を身につける機会が与えられさえすれば自立できる人々には、そうした機会を利用できるように政府が援助を惜しまない代わりに、社会保障に依存する度合いを低めてもらう。

以上から、ポスト小泉後の「小さな政府」へ向けた政策課題は、次のようにまとめられる。

①公正なルールを持った競争的市場と効率的な政府の確立

第三章で紹介した自由主義の立場に立って、「民にできることは民に任せ」、公務員の仕事を「民間にはできないが、社会的には必要な仕事」に限定する行政改革及び国と地方の財政を持続可能で効率的なものにする財政構造改革を推進する。これらの抜本的改革によって官民双方の効率化を進め、政府の歳出を削減し、地方財政における「結果の平等」政策を大幅に縮小して、地方分権を進める。行政の効率化の手段としては、市場化テストの本格的かつ広範な採用が望まれる。これにより、公務員数の削減も可能になるであろう。

②「小さな政府」のもとで発生する格差問題に対する政策

真に助けを必要としている人に手厚い社会保障制度への改革（選別主義の導入）と多くの人が自立できるための「機会の平等」を拡大する改革を推進する。機会の平等を推進するには、文部科学省の教育への介入の大幅な縮小、教育切符制度の導入、人々の雇用される能力を高めるための公的支援政策などが有効であろう。

最後に、右のような構造改革が実を結ぶためには、長期的にインフレ率を二％程度に維持する金融政策が重要であることを再度確認しておきたい。

おわりに

本書を脱稿した二〇〇六年六月頃から、小泉改革の評価をめぐる新聞記事が増えた。その中で、小泉改革の影として、「二〇〇二年二月のタクシーの参入規制緩和の結果、タクシーが供給過剰になったため、タクシー運転手の賃金が大幅に下落し、タクシーの事故も急増した」ことをあげるものが多い。野党も国会で、このタクシー問題を取り上げ、「小泉改革は格差を拡大し、国民の安全をないがしろにした」と政府を追及した。

タクシーの参入規制緩和の効果にかかわる議論は、本書の本文で触れなかったので、おわりに当たって著者の考えを述べておきたい。

タクシーの登録台数は一九九八年からの景気後退でタクシーの利用客数が大きく減少したため、九八年以降三年続きで減少した。しかし、二〇〇一年からは増大に転じ、改正道路運送法によりタクシーの参入規制が緩和された〇二年以降は、増加率も上昇した。〇四年のタクシー登録台数は参入規制緩和前の〇一年の四・五%増である。こうしたタクシーの増加はタクシー運転手の賃金を大幅に引き下げたため、参入規制緩和後、無理な運転が増えて、タクシーの交通事故は急増したといわれる。果たして実際はどうだったのであろうか。

実は、タクシーの一億走行キロ当たり交通事故は参入規制緩和の年の〇二年は、予想とは逆に減少した（対前年比一・六％の減少。以下の統計数値は警察庁『平成17年中の交通事故の発生状況』に基づく）。それ以降は増加し、〇四年と〇五年の増加率はそれぞれ二・五％と二・六％であった。

しかし、タクシーの交通事故は参入規制緩和前から増え続けており、九七年から〇〇年までの平均増加率は九％で、九九年と〇〇年はそれぞれ一一％と一二％にも達したのである。

以上の統計数値は、タクシー参入規制緩和批判者の指摘とは反対に、参入規制緩和以降、タクシー事故増加の趨勢に歯止めがかかったことを示している。

それでは、タクシー運転手の賃金が大幅に低下したことと参入規制緩和との関係はどう考えればよいであろうか。タクシーの参入規制が緩和された結果、タクシーが供給過剰になれば、タクシー運転手の賃金は低下せざるを得ない。しかし問題は、賃金が大幅に下がってもタクシー運転手として働かなければならないという点にある。低賃金でもタクシー運転手として働かなければならないのは、これまでデフレのために経済が停滞し、雇用が減少したためである。景気が悪ければ、有利な転職機会がないため、低賃金でも働かざるを得ない。さらに悪いことに、景気が悪くなると、タクシーの運転手を辞めて転職するどころか、他に職が無いためにタクシーの運転手になろうとする人は増えてしまうのである。

タクシー運転手を含めて、人々の賃金を上げるためには、第九章で述べたように、金融政策によって景気を回復させ、良い景気を持続させるマクロ経済の安定化が必要である。そうした金融政策が伴わなければ、規制緩和は一部の人の賃金を引き上げるが、規制緩和で供給過剰になる労働者の賃金を引き下げてしまう。

タクシー問題に限らず、一般に、小泉改革の時代に起きたことであれば、良いことも(例えば、〇二年頃から景気が回復したのは小泉改革のお陰であるという議論)悪いことも(例えば、格差拡大はすべて小泉改革のせいであるという議論)なんでも小泉改革のせいにする傾向が見られる。

本書の目的の一つは、そうした一般の傾向に歯止めをかけ、読者に「小さな政府」を目指す小泉改革とポスト小泉改革の効果を他の効果(例えば、景気の状態)から区別して考えるための「見方」を提供することにある。

最後に、本書執筆に当たって参照した文献の中から、有益かつ読みやすい文献をあげておこう。

小さな政府の理論を豊富な具体的な事例をあげながら解説した本としては、ミルトン・フリードマン＆ローズ・フリードマン著、西山千明訳『選択の自由――自立社会への挑戦』（日本経済新聞社、日経ビジネス人文庫、二〇〇二年）。

サッチャー改革については、ケネス・ハリス著、大空博訳『マーガレット・サッチャー　英国を復権させた鉄の女』（読売新聞社、一九九一年）。

田中角栄の日本列島改造論については、田中角栄『日本列島改造論』（日刊工業新聞社、一九七二年）。増田悦佐『高度経済成長は復活できる』（文春新書、二〇〇四年）。

ちくま新書
616

「小《ちい》さな政府《せいふ》」を問《と》いなおす

二〇〇六年九月一〇日　第一刷発行

著者　岩田規久男（いわた・きくお）

発行者　菊池明郎

発行所　株式会社筑摩書房
東京都台東区蔵前二-五-三　郵便番号一一一-八七五五
振替〇〇一六〇-八-四一二三

装幀者　間村俊一

印刷・製本　株式会社精興社

乱丁・落丁本の場合は、左記宛に御送付下さい。
送料小社負担でお取り替えいたします。
ご注文・お問い合わせも左記へお願いいたします。
〒三三一-八五〇七　さいたま市北区櫛引町二-六〇四
筑摩書房サービスセンター
電話〇四八-六五一-〇〇五三

© Will 2006　Printed in Japan

ISBN4-480-06320-X C0233

ちくま新書

002 経済学を学ぶ　岩田規久男
交換と市場、需要と供給などミクロ経済学の基本問題から財政金融政策などマクロ経済学の基礎までを現実の経済問題にそくした豊富な事例で説く明快な入門書。

065 マクロ経済学を学ぶ　岩田規久男
景気はなぜ変動するのか。経済はどのようなメカニズムで成長するのか。なぜ円高や円安になるのか。基礎理論から財政金融政策まで幅広く明快に説く最新の入門書。

512 日本経済を学ぶ　岩田規久男
この先の日本経済をどう見ればよいのか？　戦後高度成長期から平成の「失われた一〇年」までを学びなおし、さまざまな課題をきちんと捉える、最新で最良の入門書。

035 ケインズ——時代と経済学　吉川洋
マクロ経済学を確立した今世紀最大の経済学者ケインズ。世界経済の動きとリアルタイムで対峙して財政・金融政策の重要性を訴えた巨人の思想と理論を明快に説く。

080 国際経済学入門——21世紀の貿易と日本経済をよむ　中北徹
国際経済学の基本としての貿易、国際収支、為替レートの問題から海外投資、内外価格差の問題にいたるまでを明快に解説するとともに新時代の日本経済のあり方を説く。

093 現代の金融入門　池尾和人
経済的人口的条件の変化と情報技術革新のインパクトにより大きな変貌を強いられている現代の金融を平易・明快に解説。21世紀へ向けての標準となるべき会心の書。

194 コーポレート・ガバナンス入門　深尾光洋
かつて強かった日本企業はなぜ弱くなったのか。会社制度の原理に遡り、国際比較や金融のグローバル化などの視点を踏まえて、日本型システムの未来を考える。

ちくま新書

225
知識経営のすすめ
——ナレッジマネジメントとその時代
野中郁次郎
紺野登
日本企業が競争力をつけたのは年功制や終身雇用の賜物のみならず、組織的知識創造を行ってきたからである。知識創造能力を再検討し、日本的経営の未来を探る。

263
消費資本主義のゆくえ
——コンビニから見た日本経済
松原隆一郎
既存の経済理論では説明できない九〇年代以降の消費不況。戦後日本の行動様式の変遷を追いつつ、「消費資本主義」というキーワードで現代経済を明快に解説する。

336
高校生のための経済学入門
小塩隆士
日本の高校では経済学をきちんと教えていないようだ。本書では、実践の場面で生かせる経済学の考え方をわかりやすく解説する。お父さんにもピッタリの再入門書。

352
誰のための金融再生か
——不良債権処理の非常識
山口義行
日銀がおカネをジャブジャブ流しても、金融機関の貸し渋りが続くのはなぜなのか。金融政策の誤りを明らかにし、中小企業・中小金融を基点とした改革を提唱する。

405
優しい経済学
——ゼロ成長を豊かに生きる
高橋伸彰
経済成長に依存しなくとも、分配のしくみを変えることによって「豊かさ」は実現できる！　競争ではなく協力の視点から「優しい経済社会」を構想する。

439
経済大転換
——反デフレ・反バブルの政策学
金子勝
世界同時デフレに加え、イラク戦争後、「分裂と不安定の時代」の様相を強めている。バブル待望論と決別し、普通の人が普通に生きていける経済社会を構想する。

447
エコロジカルな経済学
倉阪秀史
これまでの経済学は、環境問題を扱うには不十分だった。この限界を乗り越え、経済と環境との両立を目指し、実効性ある処方箋を提示する。新しい経済学の誕生だ。

ちくま新書

455
創造経営の戦略
——知識イノベーションとデザイン
紺野登
企業の成長力とは何か？ それは組織や個を貫く「創造性」である。本書では「ブランド」「経験」「デザイン」などの概念を紹介し、次代の経営戦略の在り方を探る。

458
経営がわかる会計入門
永野則雄
長引く不況下を生きぬくには、経営の実情と一歩先を読みとくための「会計」知識が欠かせない。現実の会社の「生きた数字」を例に説く、役に立つ入門書の決定版！

459
はじめて学ぶ金融論〈ビジュアル新書〉
中北徹
複雑な金融の仕組みを、図を用いてわかりやすく解説。情報の非対称性、不良債権、税効果会計など、基本から最新のトピックを網羅。これ一冊で金融がわかる！

464
ホンネで動かす組織論
太田肇
「注文が殺到して嬉しい悲鳴！」とか「全社一丸となって！」というのは経営側に都合のいい言葉であって、従業員には響かない。タテマエの押し付けはもうやめよう。

476
経済敗走
吉川元忠
円とドルの間で繰り広げられる為替ゲーム。それを背後で操る意思とは何か？ 九〇年代日本経済の軌跡をたどり、米国に敗け続ける経済構造に陥った元凶を抉り出す。

516
金融史がわかれば世界がわかる
——「金融力」とは何か
倉都康行
マネーに翻弄され続けてきた近現代。その変遷を捉え直し、世界の金融取引がどのように発展してきたかを整理しながら、「国際金融のいま」を歴史の中で位置づける。

582
ウェブ進化論
——本当の大変化はこれから始まる
梅田望夫
グーグルが象徴する技術革新とブログ人口の急増により、知の再編と経済の劇的な転換が始まった。知らないではすまされない、コストゼロが生む脅威の世界の全体像。

ちくま新書

294
デモクラシーの論じ方
——論争の政治
杉田敦
民主主義、民主的な政治とは何なのか。あまりに基本的と思える問題について、一から考え、デモクラシーにおける対立点や問題点を明らかにする、対話形式の試み。

450
政治学を問いなおす
加藤節
清算されない過去と国益が錯綜して、複雑化しつつある内外の状況に、政治学は何を答えられるか。国家や自由、暴力、憲法など政治学の最前線を歩きながら考える。

465
憲法と平和を問いなおす
長谷部恭男
情緒論に陥りがちな改憲論議と冷静に向きあうには、そもそも何のための憲法かを問う視点が欠かせない。この国のかたちを決する大問題を考え抜く手がかりを示す。

477
地方は変われるか
——ポスト市町村合併
佐々木信夫
「地方」が主役の政治・行政の実現には、「市町村合併」が大きなチャンスを与えてくれる！ 具体的なケースを題材にして、これからの地方のビジョンを示す。

571
騙すアメリカ　騙される日本
原田武夫
同盟国アメリカが、日本の国富を吸い取るシステムを密かにつくっていたという驚愕の事実！「改革」という幻想を精算し、騙されない日本をつくるための道筋を示す。

573
国際政治の見方
——9・11後の日本外交
猪口孝
冷戦の終焉、9・11事件は、国際政治をどのように変えたのか。日本外交は以前と同じでよいのだろうか。激動する世界と日本外交の見方が変わる、現代人必読の書。

594
改憲問題
愛敬浩二
戦後憲法はどう機能してきたか。改正でどんな効果が期待できるのか。改憲論議にはこうした実質を問う視角が欠けている。改憲派の思惑と帰結をクールに斬る一冊！

ちくま新書

001 **貨幣とは何だろうか** 今村仁司

人間の根源的なあり方の条件から光をあてて考察する貨幣の社会哲学。世界の名作を「貨幣小説」と読むなど貨幣への新たな視線を獲得するための冒険的論考。

432 **「不自由」論** ——「何でも自己決定」の限界 仲正昌樹

「人間は自由だ」という考えが暴走したとき、ナチズムやマイノリティ問題が生まれる——。逆説に満ちたこの問題を解きほぐし、21世紀のあるべき倫理を探究する。

469 **公共哲学とは何か** 山脇直司

滅私奉公の世に逆戻りすることなく私たちの社会に公共性を取り戻すことは可能か？ 個人を活かしながら公共性を開花させる道筋を根源から問う知の実践への招待。

473 **ナショナリズム** ——名著でたどる日本思想入門 浅羽通明

小泉首相の靖国参拝や自衛隊のイラク派遣、北朝鮮の拉致問題などの問題が浮上している。十冊の名著を通して、日本ナショナリズムの系譜と今後の可能性を考える。

474 **アナーキズム** ——名著でたどる日本思想入門 浅羽通明

大杉栄、竹中労から松本零士、笠井潔まで十の名著をたどりながら、日本のアナーキズムの潮流を俯瞰する。常に若者を魅了したこの思想の現在的意味を考える。

532 **靖国問題** 高橋哲哉

戦後六十年を経て、なお問題でありつづける「靖国」を、具体的な歴史の場から見直し、それが「国家」の装置としていかなる役割を担ってきたのかを明らかにする。

556 **「資本」論** ——取引する身体／取引される身体 稲葉振一郎

資本主義は不平等や疎外をも生む。だが所有も市場も捨て去ってはならない——。社会思想の重要概念を深く考察し、「セーフティーネット論」を鍛え直す卓抜な論考。